3+2-4-8

3-3 = 0

數學放大鏡——暢談高中數學

$c^2 = a^2 + b^2$

張海潮 著

$$\left(\frac{x^2}{y^2}\right) + \left(\frac{x^2 + 2xy + y^2}{2y^2}\right)$$

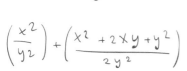
三民書局

%

▶▶▶ 《鸚鵡螺數學叢書》總序 ◀◀◀

本叢書是在三民書局董事長劉振強先生的授意下，由我主編，負責策劃，邀稿與審訂。誠摯邀請關心臺灣數學教育的寫作高手，加入行列，共襄盛舉。希望把它發展成為具有公信力、有魅力並且有口碑的數學叢書，叫做「鸚鵡螺數學叢書」。願為臺灣的數學教育略盡棉薄之力。

I 論題與題材

舉凡中小學的數學專題論述、教材與教法、數學科普、數學史、漢譯國外暢銷的數學普及書、數學小說，還有大學的數學論題：數學通識課的教材、微積分、線性代數、初等機率論、初等統計學、數學在物理學與生物學上的應用、……等等，皆在歡迎之列。在劉先生全力支持下，相信工作必然愉快並且富有意義。

我們深切體認到，數學知識累積了數千年，內容多樣且豐富，浩瀚如汪洋大海，數學通人已難尋覓，一般人更難以親近數學。因此每一代的人都必須從中選擇優秀的題材，重新書寫：注入新觀點、新意義，新連結。**從舊典籍中發現新思潮，讓知識和智慧與時俱進，給數學賦予新生命。**本叢書希望聚焦於當今臺灣的數學教育所產生的問題與困局，以幫助年輕學子的學習與教師的教學。

從中小學到大學的數學課程，被選擇來當教育的題材，幾乎都是很古老的數學。但是數學萬古常新，沒有新或舊的問題，只有寫得好

或壞的問題。兩千多年前，古希臘所證得的畢氏定理，在今日多元的光照下只會更加輝煌、更寬廣與精深。自從古希臘的成功商人、第一位哲學家兼數學家泰利斯 (Thales) 首度提出兩個石破天驚的宣言：**數學要有證明**，以及**要用自然的原因來解釋自然現象**（拋棄神話觀與超自然的原因）。從此，開啟了西方理性文明的發展，因而產生**數學、科學、哲學**與**民主**，幫忙人類從農業時代走到工業時代，以至今日的電腦資訊文明。這是人類從野蠻蒙昧走向文明開化的歷史。

古希臘的數學結晶於歐幾里得 13 冊的《原本》(The Elements)，包括平面幾何、數論與立體幾何；加上阿波羅紐斯 (Apollonius) 8 冊的圓錐曲線論；再加上阿基米德求面積、體積的偉大想法與巧妙計算，使得他幾乎悄悄地來到微積分的大門口。這些內容仍然都是今日中學的數學題材。我們希望能夠學到大師的數學，也學到他們的高明觀點與思考方法。

目前中學的數學內容，除了上述題材之外，還有代數、解析幾何、向量幾何、排列與組合，最初步的機率與統計。對於這些題材，我們希望本叢書都會有人寫專書來論述。

II 讀者的對象

本叢書要提供豐富的、有趣的且有見解的數學好書，給小學生、中學生到大學生以及中學數學教師研讀。我們會把每一本書適用的讀者群，定位清楚。一般社會大眾也可以衡量自己的程度，選擇合適的書來閱讀。我們深信，**閱讀好書是提升與改變自己的絕佳方法**。

教科書有其客觀條件的侷限，不易寫得好，所以要有其它的數學讀物來補足。本叢書希望在寫作的自由度差不多沒有限制之下，寫出各種層次的好書，讓想要進入數學的學子有好的道路可走。看看歐美日各國，無不有豐富的普通數學讀物可供選擇。這也是本叢書構想的

發端之一。

學習的精華要義就是，**儘早學會自己獨立學習與思考的能力**。當這個能力建立後，學習才算是上軌道，步入坦途。可以隨時學習，終身學習，達到「真積力久則入」的境界。

我們要指出：學習數學沒有捷徑，必須要花時間與精力，用大腦思考才會有所斬獲。不勞而獲的事情，在數學中不曾發生。找一本好書，靜下心來研讀與思考，才是學習數學最平實的方法。

III 鸚鵡螺的意象

本叢書採用鸚鵡螺 (Nautilus) 貝殼的剖面所呈現出來的奇妙**螺線** (spiral) 為標誌 (logo)，這是基於數學史上我喜愛的一個數學典故，也是我對本叢書的期許。

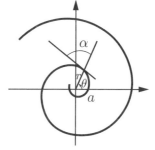

鸚鵡螺貝殼的剖面　　　　　　　　等角螺線

鸚鵡螺貝殼的螺線相當迷人，它是等角的，即向徑與螺線的交角 α 恆為不變的常數 $(a \neq 0°, 90°)$，從而可以求出它的極坐標方程式為 $r = ae^{\theta \cot \alpha}$，所以它叫做**指數螺線**或**等角螺線**；也叫做**對數螺線**，因為取對數之後就變成阿基米德螺線。這條曲線具有許多美妙的數學性質，例如自我形似 (self-similar)，生物成長的模式，飛蛾撲火的路徑，黃金分割以及費氏數列 (Fibonacci sequence) 等等都具有密切的關係，結

合著數與形、代數與幾何、藝術與美學、建築與音樂，讓瑞士數學家白努利 (Bernoulli) 著迷，要求把它刻在他的基碑上，並且刻上一句拉丁文：

Eadem Mutata Resurgo

此句的英譯為：

Though changed, I arise again the same.

意指「雖然變化多端，但是我仍舊照樣升起」。這蘊含有「變化中的不變」之意，象徵規律、真與美。

鸚鵡螺來自海洋，海浪永不止息地拍打著海岸，啟示著恆心與毅力之重要。最後，期盼本叢書如鸚鵡螺之「**歷劫不變**」，在變化中照樣升起，帶給你啟發的時光。

> 眼閉
> 從一顆鸚鵡螺
> 傾聽真理大海的吟唱
>
> 靈開
> 從每一個瞬間
> 窺見當下無窮的奧妙
>
> 了悟
> 從好書求理解
> 打開眼界且點燃思想

蔡聰明

2012 歲末

推薦序一

大處著眼、小處著手

　　本書是張海潮教授利用「數學放大鏡」，來「暢談高中數學」的心得報告。綜觀全書，我們發現他的選材，都是順手拈來，論述或敘事則是就近取譬，而且筆觸簡約，不失率真風趣。但最重要的，他心中永遠有著不輕易言宣的結構高度與歷史深度，讓他在出入高中生的解題思維平面時，從容自在，而不致迷失解題此一學習活動的價值與意義。

　　在選材方面，本書前兩篇各文章多少對照高中課程單元，譬如〈篇一〉有餘式定理、因式分解、有理根、質數以及幾何計量，又譬如〈篇二〉有向量內外積、正餘弦定律、點到直線距離公式以及三垂線定理等等。在〈篇三〉中，作者利用算幾不等式的（極值）討論，說明「高中生為什麼要學微積分?」此外，他還利用小學算術的時鐘問題，引出其中所蘊藏的無窮級數概念。至於在本書〈篇四〉中，作者則比較隨興地談論數學，呼應〈篇三〉的最後三個測天問題（月地距、月球試算與太陽大小），從而見證博雅的數學素養（譬如理解牛頓的數學物理成就如何偉大等），可以帶來更多元面向的解題樂趣。

　　在書寫方面，海潮分享了許多青少年時期的學算經驗，其中不乏頗富洞察力的心得，尤其他在經過數學專業的洗禮之後，更是增益了參透知識底蘊意義的領悟，讓我讀來感同身受。海潮與我高中同校，因此，他所述說的學校經驗，我當然略有所感。不過，相對於我自己當年的少不更事，他那純真的數學早慧，著實令人欣羨！更難得的，現在他對數學的熱情甚至有過之而無不及。我閱讀本書文字，總感覺他像是隨時舉起「數學放大鏡」，指向高中數學的解題歷程，乃至於相關的數學教育議題，為我們映照出獨特且精闢之見解。

　　譬如說吧，海潮「自學餘式定理」的回憶，就見證了他當年「數學男孩」的特立獨行。至於「因式分解與餘式定理」，則是他年長後深思熟慮的「版本」，我非常贊同他對於教材中有關因式分解單元的主張。事實上，刁鑽的因式分解技巧，在數學史上可以說從來不具有特殊意義。相反地，海潮針對因式分解與餘式定理的連結，卻為我們寫下令人心動的評論：

> $x^n - a^n = (x-a)(x^{n-1} + x^{n-2}a + \cdots + xa^{n-2} + a^{n-1})$ 當然是所有因式分解中最重要的，因為它表徵了餘式定理一個最基本並且最具體而又能發展為一般性的狀態，值得好好學習。

　　還有，在〈三垂線定理幫助建立空間坐標〉一文中，海潮曾提及民國 54 年讀高二時，曾學過兩週的立體幾何，教材內容則涉及歐幾里得《幾何原本》第十一卷（主題為立體幾何）的幾個命題。「**因為聯考不考，教與學都有氣無力**」，老師要想講解，「**光畫圖就是個大問題，畢竟是要在平面的黑板上畫立體的透視圖**」。這段難忘的學習經驗，讓他體認到要想處理立體幾何問題，「**必須走向三角，又走向坐標幾何**」。

他的「後設反思」(meta-reflection) 深刻地觸及人類有關空間知識的本質，值得引述如下：

> 空間的坐標化，一言以蔽之就是空間的平行化，垂直化，此所以向量隨時可以平移，彼此遠在天邊的兩個向量可以相加，這也說明了我們所見的空間確實是歐氏幾何。

最後，本書中有關平面上某點到某直線之距離之討論，我要補充自己的一得之愚，供海潮與讀者參考借鑑。我記得從前的高中數學教科書在討論此一問題時，通常都會先引進（與法向量密切相關的）直線之法線式。由於平面上任意直線方程式都可以化成法線式，再加上「斜率相等」與「直線平行」兩者概念之連結，我們應該也很容易說明此一距離公式的意義了。

總之，本書為我們見證，大學教授原來可以這麼「貼近」高中生地講解高中數學，海潮為我們樹立了一個範例，值得我們欣然按讚！

洪萬生

臺灣師範大學數學系退休教授

2013 年 5 月

推薦序二

反省臺灣高中數學教育

　　2009 年底，臺灣大學外文系宣布了一項震撼高中社會組學生的決定——在隔年的升大學指定科目考試中，臺大外文系將不採記考生的「數學乙」成績。這項破天荒的決定有人叫好，但也有人不以為然（例如有立委在立法院就此事質詢，擔心高中數學教育受到負面衝擊），顯然各方在數學對於社會組學生到底有何不容忽視的用處並沒有共識。雖然一年之後這個新辦法就被該系的招生委員會推翻了，但是只要大家沒想清楚高中學生學數學的理由，難保過幾年「數學乙」不會再度被放棄。

　　在此「不採記數學乙事件」的過程中，臺灣數學界幾乎不發一語，只有本書作者張海潮教授寫了「臺大外文系與 GMAT」一文（見本書第二十七章）公開表達了他的看法。他說社會組學生「在進入大學後，都在最短時間內把高中所學的數學忘得一乾二淨，（因此）我們不禁要問教育家，這樣的（數學教育）投資到底值不值得」? 身為教育家之一，張教授對於自己所提問題的答案是否定的，但是他並不否認數學對於社會組的學生的意義，也不反對升學考試項目包括數學，只要考試內容做適當調整。

　　其實會引人質疑「這樣的投資到底值不值得」的數學科目不僅限於「數學乙」而已，理組學生所必修的「數學甲」這一科也一樣——學生們為了應付各種刁難的考試題型，被逼跑到補習班，埋頭死 K 升上大學之後就用不上的解題技巧，大半學生因此對數學失去興趣與信心，這樣的代價實在過於沈重。張海潮教授長年關注高中數學教育，非常清楚這種被考試綁架了的現況，所以本書不少篇幅正是拿具體實例來說明、分析這種扭曲數學教育意義的情形。例如第五章「$x^3 + y^3 + z^3 - 3xyz$ 因式分解的故事」、第十一章「點到直線距離公式的教學現場」與第十九章「算幾不等式的虛應用」就是高中數學老師最好能知道的故事。

　　在破除一些迷思之外，張教授也於書中明確提出他對於高中數學應該教什麼的看法。大體而言，他的立場是數學教育應該重視實際應用，譬如他在第十五章「三角函數的教學」中主張「教三角一定要讓學生讀三角函數表，而不是抽象的耍三角恆等式」，還說明最早的三角函數表來自古希臘天文學家托勒密，為的是「確定恆星相關的位置及行星、太陽在天球上的軌跡。」我完全贊同他這種主張，相信很多高中老師也是如此。

　　教育是艱巨的事業，張海潮教授《數學放大鏡——暢談高中數學》這本書不可能立即改善高中數學教育，但任何關心、喜愛數學的人都會從其中所講的各種故事獲得啓發，所以我期待它可以作為凝聚共識的種子，促使數學教育步上正軌的火苗。

高涌泉

臺灣大學物理系教授

2013 年 5 月

推薦序三

　　從數學的本質或結構來看待數學的意義與學習，是我從我的老師
張海潮教授那裡學到用來面對數學的態度，這精神當然也貫穿在這本
專為高中生所寫的數學書裡。

　　海潮老師文章的引人之處，在於他常提出不同於一般人的見解來
呈現高中數學內涵，重要的是，所用的方法都是基本功，而非令人眼
花撩亂但不具學習價值的速解公式。

　　作為一個高中數學教師，我推薦這本書給對數學有興趣的高中生
閱讀，用來加強有關高中數學的概念。讀這本書可以給高中生對高中
數學的學習有下列的幫助：

1. 體會高中數學的方法：

　　數學的方法大致上有兩類屬性，一類是基本的，一類是創意的。比
　　如在書中的 01、02、03 三回說明除法這基本的運算在高中多項式
　　理論與計算的重要性。又比如在 21、22 兩回用無窮級數解決我們
　　小時候曾碰過的時鐘問題，並解釋克卜勒如何用時鐘問題的想法推
　　算行星繞日的週期。這些問題都是解決得如此富有創意。再仔細想
　　一想，創意不就是運用基本事物的巧妙設計嗎？

2. 了解高中數學的脈絡：

數學的思維架構了數學這門學科，能掌握這個脈絡的人，就會學好數學。書中在 08、09、10 三回闡述當歐氏幾何發展至坐標幾何，數學研究便可由平面幾何得以擴展到立體幾何，並在第 16 回進一步地說明三角函數在平面幾何與坐標幾何間的橋樑地位，讀者在讀完這一段內容後，應也會對幾何學有更深入的了解。

3. 明白高中數學的功用：

本書第 12～16 回說明了幾何學在量測上的應用，第 24 回教大家如何在撞球台上解球；在第 23 回用機率談了一些中獎問題，還在 07 回說明即使是純數學也有應用的價值。

4. 正確學習數學的態度：

海潮老師在第 06 回告訴大家，不要為了應付題型的變化而去補習，並在第 27 回提醒我們：在目前強調知識取向的學習氛圍下，高中數學在能力取向上的學習，是必須補足的。

　　相信讀者於閱讀本書後，在面對高中數學的學習時，應會產生許多的體認，進而提升數學程度！

師大附中數學教師
2013 年 5 月

自 序

我的老師項武義先生有一次對我說:

　　數學教育本來是要普渡眾生的，現在卻變成了苦海無邊。

為什麼這麼說呢? 多年來高中數學的教學現場幾乎很少對所學的數學進行本質的探討和正確的應用; 大量的題目、反覆的操作公式和別出心裁的奇怪題型充斥在課堂之中，令人窒息。

看看下面這個題目吧:

　　設 α, β, γ 分別是 $|\log_2 x| - x^2 = 0$, $|\log_3 x| - x^2 = 0$ 和 $|\log_3 x| - x = 0$ 的解，請將 α, β, γ 依大小順序排出。

　　本來，在高一指對數的教學中最重要的就是學習指數律、對數律和換底公式，而且課綱明明就說只要教以 2 或 10 為底的即可。上面這個題目不但用了 3 為底，還加上絕對值，最要命的是考方程式的解，這一類方程式到底有什麼重要性? 我看連出題者都說不清楚。

　　再舉一例，三角函數在幾何上一個關鍵的角色是將在球面上的經緯度位置表成向量，再使用向量／坐標幾何的計算優勢。比方知道基隆和釣魚臺的經緯度分別是北緯 25.13° 東經 121.74° 和北緯 25.74° 東經 123.48°，就可以透過向量內積求兩地的距離，結果反而教起積化和差:

$$求 \sin 37.5° \cos 7.5° \ (= \frac{1}{2}(\sin 45° + \sin 30°))$$

問題是 45° 和 30° 是兩個特別角，這種題目根本是為了練習積化和差硬湊出來的，毫無計算的價值。更何況，查表就可以解決的問題實在不必如此大費周章。

反而在課堂上幾乎從來不教學生如何仔細看看三角函數表的相關現象，從而掌握三角函數的圖形。

自從國中基測以四選一的單選題來檢測學生的數學能力以來，所有的證明題已在數學教育中消失。學生不懂證明，不會寫證明，尤其不認為數學學習需要證明，數學教育異化成對現象的記憶與背誦。

我無法介入高中教學，雖然擔憂，但也無法干涉學生課後跑補習班。成人們一方面讓高中生身心俱疲、憂心忡忡，另一方面又說年輕人沒有創意，青春的原創力就在瑣碎無效率的學習中消磨。

但願我這本書能為您找一個出路，大膽的和枝節瑣碎說再見，重建您的正確學習之路。

張海潮

2013 年 5 月

CONTENTS

篇 一

代數篇

01

自學餘式定理

讀高中的某一天，我從基隆搭火車到臺北上學，結果因為火車誤點，我 8 點 25 分才到達校門口。那天的第一堂課是數學，我的第一個反應是最好不要進教室，免得再度挨罵。

上次挨罵的起因是老師在黑板上寫了一個問題：

$$\sqrt{1 - \sin^2 \theta} = \underline{\qquad}$$

當年，我們學三角的目標純粹是為了分析三角形的邊角關係，因此 θ 總是介於 0° 和 180° 之間。以上面這個問題來說，$1 - \sin^2 \theta = \cos^2 \theta$，因此老師想問的是 $\sqrt{\cos^2 \theta}$ 究竟是 $\cos \theta$ 還是 $-\cos \theta$。如果 θ 是銳角，答案是 $\cos \theta$，至於 θ 是鈍角的情形，由於 $\cos \theta$ 小於 0，所以答案要寫 $-\cos \theta$。

老師先點了一位同學，這位同學想都沒想就上去寫了 $\cos \theta$，於是老師又點了另一位同學，他比較有概念，寫下了 $\pm \cos \theta$。

老師有點得意，因為兩者都不是他要的答案，接下來他點了班上最好的同學。這位同學上去寫下了 $|\cos \theta|$，即 $\cos \theta$ 加上絕對值符號。

老師對 $|\cos \theta|$ 這個答案滿意極了，這時他突然看到我。我因為常常上課打瞌睡，已經被糾正過很多次，不過當天我一直很清醒，對同學們的答案心裏也有盤算。老師於是問我，這三個答案何者正確？

我站起來，慢條斯理的回答：「三個都對」。我的意思只是說如果 θ 是銳角的話，$\cos\theta$ 是答案，θ 如果不分的話寫 $\pm\cos\theta$ 也可以，至於 $|\cos\theta|$ 當然絕對正確，但是我的回答惹火了老師。那節課剩下的時間，我就一直站著挨罵，老師對全班說：

「他不過是一個自作聰明的混混」

我其實並不在意他對我的責備，最主要的原因是，我覺得這種問題很無聊，如果一個人沒有回答 $|\cos\theta|$，也絕不代表他不知道 θ 是鈍角時，$\cos\theta < 0$。

既然老師不喜歡我的態度，所以那天 8 點 25 分遲到的時候，我沒有進校門，乾脆走到學校對面的植物園，找了一張椅子坐下來，打開數學課本自修。

那一天照進度應該要教餘式定理：

$$多項式\ f(x)\ 被\ x-a\ 除，餘式是\ f(a)$$

我看證明：

設 $f(x)$ 被 $x-a$ 除，商式是 $q(x)$，餘式是 r
則有 $f(x) = (x-a)q(x) + r$。將等號兩邊的 x 以 a 代入，
左邊得到 $f(a)$，右邊得到 r，得證。

我突然覺得很困擾，證明很短，只有兩三行，非常簡潔，但是在這之前要作除法時，因為 $f(x)$ 的次數可能很大，除以 $x-a$ 要費一番功夫才能得到餘式 r。現在等於是說根本不需實際去除，餘式 r 一定是 $f(a)$，這難道是未卜先知嗎？

於是我把證明再看一遍，發現整個關鍵是在除法的時候，被除式等於除式乘以商式再加餘式，為什麼這樣？雖然在小學的時候就知道了被除數等於除數乘以商數再加餘數，例如 $25 = 4 \times 6 + 1$，不過小學時的等號兩邊是整數，並非多項式。我仔細想了一下，其實這個答案就在長除法的操作中：

$$
\begin{array}{r}
q(x) \\
x-a \overline{)f(x) } \\
\underline{(x-a)q(x)} \\
r
\end{array}
$$

因為 r 的產生就是來自 $q(x)$ 乘以 $x-a$ 與 $f(x)$ 的差，只不過本來要得到 $q(x)$ 的過程是一步一步來的，例如 $f(x) = x^3 + x^2 + x + 1$ 被 $x-1$ 除：

$$
\begin{array}{r}
x^2 \\
x-1 \overline{)x^3 + x^2 + x + 1} \\
\underline{x^3 - x^2 } \\
2x^2 + x + 1
\end{array}
$$

第一次只得到 x^2，是 $q(x)$ 的首項，然後得到 $2x$，

$$
\begin{array}{r}
x^2 + 2x \\
x-1 \overline{)x^3 + x^2 + x + 1} \\
\underline{x^3 - x^2 } \\
2x^2 + x + 1 \\
\underline{2x^2 - 2x } \\
3x + 1
\end{array}
$$

最後再加上 3，因此 $q(x) = x^2 + 2x + 3$，而整個過程由於乘法的分配律而有 $(x^3 + x^2 + x + 1) - (x - 1)(x^2 + 2x + 3) = 4$，因此 $r = 4 = f(1)$。

　　想到這裏，心中已然十分清楚。看看時間，第一堂剛好下課，我收拾好課本，覺得自修和上課似乎差別不大，只是自修的話就不好打瞌睡了。

──── *02* ────

因式分解與餘式定理

我大學時代的老師項先生有一陣子到中國大陸指導中學數學資優教育。有一次，他與國（初）中的資優生座談。項師問同學：「最近都在學什麼?」同學們回說：「因式分解」。項師請同學把要分解的題目寫在黑板上，

一題是

$$x^4 + x^3 - 5x^2 + 8x - 2,$$

另一題是

$$x^2 - 2xy - 8y^2 - x + 16y - 6。$$

$x^4 + x^3 - 5x^2 + 8x - 2$ 這一題若是能分解成整係數的多項式，第一種可能是分成一個一次和一個三次的乘積，而這個一次式不外乎是 $x \pm 1$ 或 $x \pm 2$，也就是說以 $x = \pm 1$ 或 ± 2 代入會得到 0。但是真正代入之後，並不是 0，所以先行排除這個可能。

第二種情形是分成兩個二次式的乘積。由於最後一項是 -2，所以可能的分解是：

$$(x^2 + ax + 2)(x^2 + bx - 1) = x^4 + x^3 - 5x^2 + 8x - 2 \cdots\cdots (1)$$

或者是 $(x^2 + ax - 2)(x^2 + bx + 1) = x^4 + x^3 - 5x^2 + 8x - 2 \cdots\cdots (2)$

然後解 a、b。以(1)來說，比較展開後各項的係數，可以得到 a、b 的關係式：

$$a + b = 1$$
$$1 + ab = -5 \cdots\cdots (3)$$
$$-a + 2b = 8$$

解得 $b = 3$, $a = -2$，運氣算是不錯，答案因此是

$$x^4 + x^3 - 5x^2 + 8x - 2 = (x^2 - 2x + 2)(x^2 + 3x - 1)$$

第二題涉及到兩個變數 x、y，還好最高項是二次，並且運氣也不錯，因為最高項 $x^2 - 2xy - 8y^2$ 等於 $(x - 4y)(x + 2y)$。

所以：

$$x^2 - 2xy - 8y^2 - x + 16y - 6 = (x - 4y + a)(x + 2y + b)$$

展開後比較係數，得到

$$ab = -6$$
$$a + b = -1 \quad \cdots\cdots (4)$$
$$2a - 4b = 16$$

解得 $a = 2$, $b = -3$，答案是

$$x^2 - 2xy - 8y^2 - x + 16y - 6 = (x - 4y + 2)(x + 2y - 3)$$

　　做完這兩題之後，項師問同學有什麼收穫?同學們反映，不過是窮舉各種可能，然後解 a、b 罷了。項師就說，其實這些題目都是老師預先算好，比方說，老師先拿 $x^2 - 2x + 2$ 和 $x^2 + 3x - 1$ 相乘，得到

$x^4 + x^3 - 5x^2 + 8x - 2$，然後再讓同學分解 $x^4 + x^3 - 5x^2 + 8x - 2$，這就好像暗中拿 907 乘以 719 得到 652133，然後要同學把 652133 分解成兩個整數的積。這樣好了，我現在也如法炮製，我用 $2x^2 - 5x + 4$ 和 $x^2 + 3x - 1$ 相乘得到 $2x^4 + x^3 - 13x^2 + 17x - 4$，你們明天上課的時候拿去問老師，說是項先生出的題目，大家都不會做，請老師幫忙解。結果可以想像，從此以後，老師就把因式分解這個議題取消了。

不過話又說回來，有一些因式分解是很重要的，比方說：

$$x^n - a^n = (x-a)(x^{n-1} + x^{n-2}a + x^{n-3}a^2 + \cdots + xa^{n-2} + a^{n-1}) \cdots\cdots (5)$$

這個因式分解在 $n = 2$ 時就是國中熟悉的：

$$x^2 - a^2 = (x-a)(x+a)$$

而在 $n = 3$ 時就是：

$$x^3 - a^3 = (x-a)(x^2 + ax + a^2)$$

為什麼重要? 因為第一，當 $a = 1$ 時，上式變成

$$x^n - 1 = (x-1)(x^{n-1} + x^{n-2} + \cdots + x + 1)$$

或者 $$1 + x + x^2 + \cdots + x^{n-1} = \frac{x^n - 1}{x - 1}$$

就是等比級數的求和公式。第二，如果將(5)改寫成：

$$x^n = (x-a)(x^{n-1} + x^{n-2}a + x^{n-3}a^2 + \cdots + xa^{n-2} + a^{n-1}) + a^n \cdots\cdots (6)$$

就變成 x^n 被 $x-a$ 除，商式是 $x^{n-1} + x^{n-2}a + x^{n-3}a^2 + \cdots + a^{n-1}$，而餘式是 a^n，這就是餘式定理的一個特例。

　　雖然只是一個特例，但是由於任意的多項式都是 $1,\ x,\ x^2,\ \cdots$ 的組合，所以(6)式也有它的一般性。舉例言之，$x^3 + 2x^2 + 3x + 4$ 除以 $x - 5$，照(6)式寫下 ($n = 0,\ 1,\ 2,\ 3,\ a = 5$)：

$$x^3 = (x - 5)(x^2 + 5x + 25) + 5^3$$
$$x^2 = (x - 5)(x + 5) \qquad + 5^2$$
$$x = (x - 5) \cdot 1 \qquad\quad + 5$$
$$1 = (x - 5) \cdot 0 \qquad\quad + 5^0$$

所以 $x^3 + 2 \cdot x^2 + 3 \cdot x + 4 \cdot 1$

$$= (x - 5)[(x^2 + 5x + 25) + 2 \cdot (x + 5) + 3 \cdot 1 + 4 \cdot 0]$$
$$+ 5^3 + 2 \cdot 5^2 + 3 \cdot 5 + 4 \cdot 5^0$$

亦即 $x^3 + 2x^2 + 3x + 4$ 被 $x - 5$ 除，商式是 $(x^2 + 5x + 25) + 2(x + 5) + 3$，餘式是 $5^3 + 2 \cdot 5^2 + 3 \cdot 5 + 4$，不但得到了餘式定理：

$$f(x) \text{ 被 } x - a \text{ 除，餘式是 } f(a)$$

同時連商式也一併得到了。

　　因此 $x^n - a^n = (x - a)(x^{n-1} + x^{n-2}a + \cdots + xa^{n-2} + a^{n-1})$，當然是所有因式分解中最重要的，因為它表徵了餘式定理一個最基本並且最具體而又能發展為一般性的狀態，值得好好學習。

03

一個幫助發現有理根（分數根）的重要方法

在高一的數學課中，解整係數多項式的有理根（即分數根）是重頭戲之一，但是經常這類問題的計算量很大，而流於瑣碎。

我們先談談相關的定理，再回頭來示範比較輕鬆的解題方式。

首先，如果一個整係數多項式 $f(x) = a_n x^n + a_{n-1} x^{n-1} + \cdots + a_1 x + a_0$ 有根 $\frac{p}{q}$，p, q 均為整數並且互質（即 p, q 除了 1 之外無公約數），則由 $f(\frac{p}{q}) = 0$，我們有：

$$a_n \frac{p^n}{q^n} + a_{n-1} \frac{p^{n-1}}{q^{n-1}} + \cdots + a_1 \frac{p}{q} + a_0 = 0$$

或

$$a_n p^n + a_{n-1} p^{n-1} q + \cdots + a_1 p q^{n-1} + a_0 q^n = 0$$

由於 q 可整除第二項（含）以後諸項，所以 q 也整除 $a_n p^n$，但因 p, q 互質，所以 q 整除 a_n。同理，p 整除 a_0。

上述這個定理說明了如果 $\frac{p}{q}$ 是根，p, q 互質，則 q 整除 a_n，p 整除 a_0 是 $f(\frac{p}{q}) = 0$ 的一個必要條件（註一）。

請看下面這個題目：

解方程式 $f(x) = 6x^4 + 5x^3 + 10x^2 - 3x - 2 = 0$ 的有理根。

如果 $\dfrac{p}{q}$ 是根，且 p, q 互質，當然 q 整除 6，p 整除 2，因此可能的配對是 $\pm 1, \pm\dfrac{1}{2}, \pm\dfrac{1}{3}, \pm\dfrac{1}{6}, \pm 2, \pm\dfrac{2}{3}$。我們先計算 $f(\pm 1)$ 和 $f(\pm 2)$，由於 x^4, x^2 的係數偏高，很容易看出 $f(\pm 1) \neq 0, f(\pm 2) \neq 0$。因此還剩下的候選者是 $\pm\dfrac{1}{2}, \pm\dfrac{1}{3}, \pm\dfrac{2}{3}, \pm\dfrac{1}{6}$。在進行討論之前，我們再介紹一個定理，可以幫我們簡化計算，同時多一個判斷的辦法。

定理

$f(x)$ 及其有理根 $\dfrac{p}{q}$，p, q 互質如上所述，則 $f(x)$ 可被 $qx - p$ 除盡，並且商式仍然是<u>整係數</u>多項式。

由於 $x - \dfrac{p}{q}$ 是 $f(x)$ 的因式（因式定理），因此 $qx - p$ 當然整除 $f(x)$，只是尚不知除出來的商式是否仍然是整係數，下面我們利用數學歸納法證明上述定理。

我們已知 $f(x) = a_n x^n + \cdots$，並且 q 整除 a_n，令 $a_n = \alpha q$，α 為整數。利用長除法

$$
\begin{array}{r}
\alpha x^{n-1} \\
qx - p \overline{\smash{)}\, a_n x^n + a_{n-1} x^{n-1} + \cdots} \\
\underline{\alpha q x^n - \alpha p x^{n-1} } \\
(a_{n-1} + \alpha p) x^{n-1} + \cdots
\end{array}
$$

亦即 $f(x) = \alpha x^{n-1}(qx - p) + g(x)$，$g(x)$ 的次數 $\leq n - 1$。

注意到 $g(x) = (a_{n-1} + \alpha p)x^{n-1} + a_{n-2}x^{n-2} + \cdots a_0$ 也是整係數多項式，同時 $g(\frac{p}{q})$ 也等於 0，因此由歸納法假設，$g(x)$ 可被 $qx - p$ 除盡，$g(x) = (qx - p) \cdot h(x)$，$h(x)$ 為整係數多項式。因此 $f(x) = (qx - p) \cdot (\alpha x^{n-1} + h(x))$，商式亦為整係數多項式。

回到原來的問題，解 $f(x) = 6x^4 + 5x^3 + 10x^2 - 3x - 2 = 0$。

先看 $\pm\frac{1}{6}$，即 $6x \pm 1$ 是否能整除 $f(x)$，並且商是整係數：

$$
\begin{array}{r}
1 \\
6 \pm 1 \overline{\smash{)}\, 6 + 5 + 10 - 3 - 2} \\
6 \pm 1 \\
\hline
4 \text{ 或 } 6
\end{array}
$$

選擇 $6x - 1$，繼續除：

$$
\begin{array}{r}
1 + 1 \\
6 - 1 \overline{\smash{)}\, 6 + 5 + 10 - 3 - 2} \\
6 - 1 \\
\hline
6 + 10 \\
6 - 1 \\
\hline
11
\end{array}
$$

停止，因此排除 $6x \pm 1$。接下來看 $3x \pm 2$：

$$
\begin{array}{r}
2 \\
3 \pm 2 \overline{\smash{)}\, 6 + 5 + 10 - 3 - 2} \\
6 \pm 4 \\
\hline
1 \text{ 或 } 9
\end{array}
$$

選擇 $3x-2$，繼續除：

$$
\begin{array}{r}
2+3 \\
3-2\overline{\smash{)}6+5+10-3-2} \\
6-4 \\
\hline
9+10 \\
9-6 \\
\hline
16
\end{array}
$$

停止，因此排除 $3x \pm 2$。再看 $3x \pm 1$：

$$
\begin{array}{r}
2 \\
3\pm1\overline{\smash{)}6+5+10-3-2} \\
6\pm2 \\
\hline
3\ 或\ 7
\end{array}
$$

選擇 $3x+1$，繼續除：

$$
\begin{array}{r}
2+1+3-2 \\
3+1\overline{\smash{)}6+5+10-3-2} \\
6+2 \\
\hline
3+10 \\
3+1 \\
\hline
9-3 \\
9+3 \\
\hline
-6-2 \\
-6-2 \\
\hline
0
\end{array}
$$

再試 $2x \pm 1$

$$
2 \pm 1 \overline{\smash{\big)}\ \begin{array}{c} 3 \\ 6+5+10-3-2 \end{array}}
$$
$$
\underline{6 \pm 3}
$$
$$
2 \text{ 或 } 8+10
$$

選擇 $2x - 1$，繼續除：

$$
2-1 \overline{\smash{\big)}\ \begin{array}{c} 3+4+7+2 \\ 6+5+10-3-2 \end{array}}
$$
$$
\underline{6-3}
$$
$$
8+10
$$
$$
\underline{8-4}
$$
$$
14-3
$$
$$
\underline{14-7}
$$
$$
4-2
$$
$$
\underline{4-2}
$$
$$
0
$$

所以有理根是 $x = -\dfrac{1}{3}$（對應因式 $3x+1$）和 $x = \dfrac{1}{2}$（對應因式 $2x-1$），其餘兩根是無理根或複數根。

　　細心的讀者不難發現，解根的時候，除法本來就不能省。

註一 如果 $f(x)$ 的首項係數為 $1 = a_n$，因此 q 整除 1，$\dfrac{p}{q}$ 其實是整數，亦即對首項係數為 1 的整係數多項式，其有理根必為整數根。

04

聯考題目為何送分?

86 年 7 月聯考社會組數學有一題填充題:

設方程式 $x^4 + 3x^3 + bx^2 + cx + 10 = 0$ 有四個相異有理根,則其最大根為_____。

這題由於沒有事先假設 b, c 是整數,結果答案變得似乎無法確定,所以後來考試試務方面決定全國一律給分。

如果先設它是整係數方程式,那麼有理根就一定是整數根,根據題意,這四根的和是 -3,乘積是 10,所以應該是 $-1, 1, 2, -5$。

現在,由於不說 b, c 是整數,但是知道根是有理數,所以當然,b, c 也自然是有理數,並且可以是任意的,只要根是相異的有理數就好,因此問題就等同於

四個相異的有理數,和是 -3,積是 10,四個之中的最大可能是多少?

為了符號上的方便,假設這四個相異的有理數是 x, y, z, u,因此

$$x + y + z + u = -3$$
$$xyzu = 10$$

把 x 以 $-x$，y 以 $-y$，z 以 $-z$，u 以 $-u$ 代入，方程式變成（註一）

$$x+y+z+u=3$$
$$xyzu=10$$

令 $3-u=p$

$$x+y+z=p$$
$$xyz=10/u=10/(3-p)$$

由於 $z=p-x-y$，因此得到

$$xy(p-x-y)=10/(3-p)$$
$$\text{或}\quad xy(x+y)-pxy+10/(3-p)=0 \qquad (1)$$

(1)式可說是換湯不換藥。求(1)式的通解是很困難的，因為消分母以後

$$(3-p)xy(x+y)-(3-p)pxy+10=0 \qquad (2)$$

這是一個三個變數的整數係數方程，要求有理根本是數論上的大問題（註二）。所以我們偷個巧，令 $x+y=0$（註三），(2)式變成

$$-(3-p)pxy+10=0,\ y=-x$$
$$\text{得}\quad p^2x^2-3px^2-10=0 \qquad (3)$$

如果判別式 $(3x^2)^2+40x^2$ 是有理數的完全平方，(3)式中的 p 就是有理數，因為 $(3x^2)^2+40x^2=x^2[9x^2+40]$，所以希望 $9x^2+40=\ell^2$，ℓ 是有理數。

亦即

$$\ell^2-9x^2=40 \ \text{或}\ (\ell-3x)(\ell+3x)=40 \qquad (4)$$

令 $\ell - 3x = \alpha,\ \ell + 3x = \beta$，(4)式變成

$$x = \frac{\beta - \alpha}{6}$$
$$40 = \alpha\beta \tag{5}$$

換句話說，求一部分解的步驟是

(A)把 40 拆成 α、β

(B)令 $x = \dfrac{\beta - \alpha}{6}$

(C)令 $y = -x$

(D)解 $p^2 x^2 - 3px^2 - 10 = 0$

(E)令 $z = p$

(F)令 $u = 3 - z$

(G) $-x,\ -y,\ -z,\ -u$ 即為原方程式之解

例 1. 令 $\alpha = 4$，$\beta = 10$，得 $x = 1$，$y = -1$，$z = p = \dfrac{3}{2} \pm \dfrac{7}{2} = 5$ 或 -2，$u = -2$ 或 5。

例 2. 令 $\alpha = 2$，$\beta = 20$，得 $x = 3$，$y = -3$，$z = p = \dfrac{10}{3}$ 或 $-\dfrac{1}{3}$，$u = -\dfrac{1}{3}$ 或 $\dfrac{10}{3}$。

例 3. 令 $\alpha = 1$，$\beta = 40$，得 $x = \dfrac{13}{2}$，$y = -\dfrac{13}{2}$，$z = p = \dfrac{40}{13}$ 或 $-\dfrac{1}{13}$，$u = -\dfrac{1}{13}$ 或 $\dfrac{40}{13}$。

注意到 α 可以是很小很小的有理數，因此可能的解 x 或 y 的絕對值是可以很大的（註四）。

註一 只是符號上簡化，沒有特別的意義。

註二 數論／代數幾何的用語是「求佈於有理數的代數曲體上的有理
點」。

註三 只求一部分的解。

註四 有高中老師問起，怎樣告訴學生這個題目真正的難度在哪裡，
所以引發我去想這個問題，我只能給一點部分的回答。

原載《數學傳播》第 28 卷第 2 期

$x^3 + y^3 + z^3 - 3xyz$ 因式分解的故事

　　將 $x^3 + y^3 + z^3 - 3xyz$ 分解為 $(x+y+z)(x^2+y^2+z^2-xy-yz-zx)$ 是許多數學老師的最愛，因為很少有學生能夠想到這個式子如何分解。當我還是一個國（初）中生的時候，我就懂得拿 $x^3 + y^3 + z^3 - 3xyz$ 去除以 $x+y+z$ 來得到正確的商式：

$$
\begin{array}{r}
x^2 + y^2 + z^2 - xy - xz - yz \\
x+y+z \overline{)\, x^3 + y^3 + z^3 - 3xyz} \\
\underline{x^3 + x^2y + x^2z} \\
y^3 + z^3 - x^2y - x^2z - 3xyz \\
\underline{y^3 + y^2x + y^2z} \\
z^3 - x^2y - x^2z - y^2x - y^2z - 3xyz \\
\underline{z^3 + z^2x + z^2y} \\
- x^2y - x^2z - y^2x - y^2z - z^2x - z^2y - 3xyz \\
\underline{- x^2y \qquad - xy^2 \qquad\qquad - xyz} \\
- x^2z \qquad - y^2z - z^2x - z^2y - 2xyz \\
\underline{- x^2z \qquad\quad - xz^2 \qquad - xyz} \\
- y^2z \qquad - z^2y - xyz \\
\underline{- y^2z \qquad - yz^2 - xyz}
\end{array}
$$

0

從上面除法的過程可以看到一步一步之間的關係是多麼湊巧，而事實上，除了真正去除，幾乎是無法得到商式的。

但是問題來了。首先，這個分解因式在整個中學數學的學習中與任何其他的部分均無關聯，也就是說，連一點應用都談不上。其次，更弔詭的是，這個分解因式的問題不知從何而來，並且，一旦擺上其他的數目字，例如 $x^3+y^3+z^3-4xyz$，便完全無法分解。

關於第一點：有一年，我幫教育部審國中升高中的衛接教材，裏面竟然出現下面這道應用題：

三角形的三邊長為 x, y, z，並且滿足 $x^3+y^3+z^3-3xyz=0$，
請問此三角形是哪一種三角形？(答案：正三角形，$x=y=z$)

看到這樣的問題，我驚覺到這些編教材的人真的會辦，我因此要求刪掉這一題。因為一個量了三邊邊長 x, y, z 的人，竟然沒有發現 $x=y=z$，而要等到將 x, y, z 代到 $x^3+y^3+z^3-3xyz$ 之中，得到 0 之後，才又從 $(x+y+z)(x^2+y^2+z^2-xy-yz-zx)=0$ 得出 $x^2+y^2+z^2-xy-yz-zx=0$，然後再變形為 $\frac{1}{2}[(x-y)^2+(y-z)^2+(z-x)^2]=0$，從而了解 x, y, z 三者相等。

但是編者卻振振有辭，認為這個題目是 $x^3+y^3+z^3-3xyz$ $=(x+y+z)(x^2+y^2+z^2-xy-yz-zx)$ 的一個極佳應用。我於是反問編者，究竟您知不知道這個巧到極點的因式分解從何而來？還有，您如何面對其他的題目，例如 $x^3+y^3+z^3-4xyz$ 是否可以分解？

我少年時的經驗是如此，$x^3+y^3+z^3-3xyz$ 是一個三次齊次式，因此如果可以分解，至少有一次的因式，亦即由 x, y, z 單獨組成的式子。又因為 $x^3+y^3+z^3-3xyz$ 是對稱式，所以應該先行嘗試對稱的 $x+y+z$。在這樣的思維之下，拿 $x^3+y^3+z^3-3xyz$ 除以 $x+y+z$ 是

一個最好的探索，運氣不錯，除盡了，我們因此確定 $x^3 + y^3 + z^3 - 3xyz$ $= (x + y + z)(x^2 + y^2 + z^2 - xy - yz - zx)$。

但是，大部分的老師不願意如此進行分析，他們的作法是將式子從 4 項改寫為 18 項：

$$x^3 + y^3 + z^3 - xyz - xyz - xyz$$
$$+ x^2 y + x^2 z + y^2 x + y^2 z + z^2 x + z^2 y$$
$$- x^2 y - x^2 z - y^2 x - y^2 z - z^2 x - z^2 y$$

然後分成 6 組，例如 $x^3 + x^2 y + x^2 z$ 是一組，這一組可以分解為 $x^2(x + y + z)$。

明眼人立刻看出，這是後見之明，只不過是把 $x^3 + y^3 + z^3 - 3xyz$ $= (x + y + z)(x^2 + y^2 + z^2 - xy - yz - zx)$ 等號右邊展開後的 18 項拿來表演罷了。現在我們提問，$x^3 + y^3 + z^3 - 4xyz$ 可以分解嗎？是利用 $x^3 + y^3 + z^3 - 4xyz$ 的齊性和對稱性來探索，還是加一項、減一項，湊足 18 項呢？由於 $x^3 + y^3 + z^3 - 4xyz$ 根本無法分解，因此加一項、減一項的辦法注定是行不通的。

至於這個因式分解的問題是怎麼來的？編者的反應是，有這麼嚴重嗎？數學教育不都是充斥著各種從天而降的題目，例如雞兔同籠。

說得好，但是如果您了解 $x^3 + y^3 + z^3 - 3xyz = (x + y + z)(x^2 + y^2 + z^2 - xy - yz - zx)$ 的來源反而是先將 $x^3 + y^3 + z^3$ 表成基本多項式 $x + y + z, xy + yz + zx$ 和 xyz 的組合：

$$x^3 + y^3 + z^3 = (x + y + z)((x + y + z)^2 - 3(xy + yz + zx)) + 3xyz$$

然後再將 $3xyz$ 移到左邊而順便得到一個因式分解，您應該同意，這個分解完全是基於偶然，其實並沒有什麼教學的價值。

06

學生為什麼去補習?

　　我的後輩小王到一間口碑不錯的社區高中教數學。高一上第二次段考之後,他帶了同校老師出的考題來找我,原因是小王的班上考得很爛,而出題老師的班上考得很好。

　　考得好並不是出題老師對自己班洩題,而是有一些非課本上的題型在自己班上練習過好幾次。當這些題型出現在考試的時候,像小王班上這種只做課本標準練習的同學就吃虧了,因為第一次看到陌生的題型,在有限的考試時間下,做也不是,不做也不是。小王在想,以後教學是否也當如此,多搞一些變化的題型,等輪到自己出題的時候再來「收復失土」。更擔心的是,同學對小王現行的教法失去信心,可能湧向補習班。

　　小王表示,由於國中(升高中)基測的白痴化,這一代的高一生幾乎失去了思辨的能力。並且高一的功課已經夠多,每一個同學每天都睡眠不足,在這種情形下,實在不忍心加重學生的數學負擔。

　　長話短說,先看看小王秀的段考題目:

$$求證:多項式 \ x^3 + x - 3 = 0 \ 恰有一個實根$$

我一看,立即的反應是,這根本是高三下微積分的題目,而且將來社會組不學微積分,幹嘛把這個題目空降到不分組的高一?

　　小王說：對呀，高一學的只是實係數奇次多項式至少有一個實根，或三個，或五個，……，眼下的這個 $x^3 + x - 3 = 0$ 至少有一個實根，但是為什麼不能有三個？這不是高一的教材。如果是高三自然組，利用 $x^3 + x - 3$ 的微分是 $3x^2 + 1$，$3x^2 + 1$ 恆正，表示函數圖形嚴格遞增，因此與 x 軸只能相交一次，如下圖一是最佳的證明。

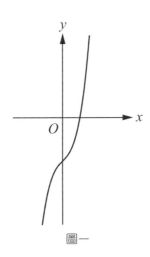

圖一

　　但是現在，同學們必須觀察 $x^3 + x$，要能夠發現 x 越大，$x^3 + x$ 也越大，我們希望他能看出 $x > a$ 時，$x^3 > a^3$，所以 $x^3 + x$ 當然也大於 $a^3 + a$，這就是證明的關鍵，但是考試的時候想不到。

　　我說，小王老師，我們到底希望同學學到什麼？因為第一，這個問題可以完全改成 $x^3 + px + q$，只要 $p \geq 0$，$x^3 + px + q = 0$ 就恰有一實根。反之，若是 $x^3 - px + q = 0$ 或者攙一個 x^2 項進來，就要另起爐灶，原先針對 $p \geq 0$ 的證法再也無法適用，這就是這個題目不適合擺在高一的理由。因為，本來可以利用高三所學的微積分統籌處理一個三次實係數多項式的實根個數問題，但是現在，由於工具缺乏，只能

分成不同的情形來解決部分問題。如果你要教同學處理這類問題，還不如乾脆就教一點微分，微分可以得到原函數圖形的斜率，更何況多項式微分的概念和公式都十分簡單，大概花四、五個小時就可以學會。

唯一的困難是，這應該是整個學校的教學問題，不應該由小王一個人來承擔。我的意思是，只要高一的老師都同意教一週微分，然後用三次多項式的微分公式來處理三次多項式的圖形及實根問題，不但讓同學們開了眼界，同時也不會有任何老師「偷吃步」——把一些其他班沒見過的題型拿來考。

說到這裏，我想到我高一的侄子最近問我的題目：

x, y, z 分別滿足 $|\log_3 x| = x^2$, $|\log_2 y| = y^2$, $|\log_3 z| = z$, 請比較 x, y, z 三數的大小。

這個題目如果有空好好分析，確實可以增進學生的程度，但是擺在一張有 15 題的考卷裏，考試時間只有 70 分鐘，這不是折磨人嗎？更糟糕的是，這是個填充題。因此要將 x, y, z 排大小的話，總共有六種排法，所以考完之後，可能有 $\frac{1}{6}$ 的同學猜對，而老師也無法理解答對的人是不是真的做了分析。

看看我們的數學課綱在實施要點中是怎麼說的：

平時測驗的方式宜有彈性，要針對學生學習狀況設計適合其程度的評量方式。在評量時要給予充分的時間思考，並要求學生將過程寫下，以了解學生思考的步驟。測驗的題目應區分為基礎和進階兩類，依學生程度做適當的評量。

上文中提到的平時測驗是指在學校內部的所有測驗，當然也包含段考。我提醒小王老師「題目應區分為基礎和進階兩類」，否則如果像現在看到的段考，題目是盤大雜燴，學生考砸了，老師也搞不清楚是

題目太難，還是時間太短，或是基本的概念根本沒有學好，想要做補救教學也無從做起。歸根結底，你們高一的老師應該在教與考上有一點共識，不然，只有把學生逼去補習，窮孩子就更沒辦法了。

07

為什麼要學質數？

我在讀小學的時候，有一陣子對質數非常著迷。我的生日 17 號是質數，圍棋棋盤 19 路是質數，人過世了做 7 是質數，黑色 13 號星期五是質數，甚至當年有一線到三張犁的公車 43 路，也是質數。

著迷歸著迷，不過是發現了身邊有些數恰好是質數，仔細想來，常見的數中，非質數反而更多。

進了數學系之後，頗有一些質數的理論要學，但是似乎與應用沾不上邊。以與數學最靠近的物理來說，大致沒有什麼物理概念是跟質數扯上關係的。假想某一個實驗的結果是「粒子 A 的質量是粒子 B 質量的 23 倍」，23 是質數這件事，應該不會牽拖到任何物理意涵吧？

的確，有很長的一段時間，質數理論只局限在純數學的範疇。一直到 1978 年，美國麻省理工學院的瑞維斯特、希米爾、艾德曼聯手出擊，將質數帶進密碼系統，發明了「RSA 密碼演算法」(RSA cipher algorithm)，並廣泛在商業上使用，人們才如夢初醒：原來，純數學的研究也可以開啟巨大的商機。

RSA 密碼演算法可簡短描述如下：

銀行為了讓客戶可以利用電子通訊來進行客戶與銀行之間私密的商業行為，對外公佈兩個數 N、e，其中 $N = pq$ 是兩個質數 p、q 的乘積，e 是一個與 $(p-1)(q-1)$ 互質的數，亦即 e 和 $(p-1)(q-1)$ 除

了 1 以外，無任何公因數。N 與 e 稱為公鑰，每個人都可以看到，但是卻無法知道 N 背後的 p 和 q，當然也不知道 $(p-1)(q-1)$ 的值。

客戶先把委託銀行處理的文件（例如要求匯出一筆款項）數位化之後，得到一個小於 p、q 的數目 a，a 稱為明文。然後將 a^e 除以 N 之後的餘數 r 傳給銀行，r 稱為密文。從 a 得到 r 的過程稱為加密，截密者可以截到 r，但是無法知道 a。

銀行本身則保留一個密鑰 d，滿足 ed 除以 $(p-1)(q-1)$ 的餘數是 1。在接到客戶送來的密文 r 之後，銀行計算 r^d，然後再除以 N，餘數就是客戶原始的明文 a。

整個保密的關鍵在於截密者不知道 p 和 q，如果知道，就可以據以算出 $(p-1)(q-1)$，並且透過 e 來算 d。因此 p 和 q 必須是一個「至少數百位的大質數」，讓截密者永遠無法將 N 分解為 p、q 的乘積。

這個過程看起來相當繁瑣，以電腦處理卻十分快速。1980 年代以後，RSA 演算法幾乎席捲了所有需要加密解密的商業系統，RSA 公司提供加密解密的軟體給金融機構，進行認證和秘密通訊。然而天底下有無數的銀行，每隔幾年也應該換一組 p、q 以確保安全，因此尋找大質數，就變成了重要的應用問題。幸好，數學家也發明了極有效率的檢驗質數的方法，利用電腦，驗證一個 200 位的數字是否為質數，只需 10 分鐘的時間。

不過回頭來想，小學生為什麼要學質數? 首先，中國從來就沒有發展出質數的概念，但是古希臘卻已經對質數有了最基本的認識，包括證明質數有無窮多個，以及將任意整數做質因數分解。對古希臘的學者而言，質數之於整數，就好像原子之於物質，是最基本的構成元件。但是在 RSA 演算法提出之前，質數確實不曾在日常生活中應用。這樣一個看似無用的議題，為什麼一定要擺在數學學習大綱之中呢?

　　我們當然不能假設說，喔，因為 RSA 演算法用了質數，數學教育中就一定要擺進質數。要知道，RSA 演算法的提出，數學背景之外，還要有極佳的創意，總的來說，那是創意、數學與電腦的結合，三者缺一不可。

　　因此，制定數學學習大綱的學者們，是不是應該重新檢視我們中小學的數學內容，告訴我們一些更深刻的理由？千萬不要用一些老掉牙的說法，例如「學了質數之後，頭腦才會清楚」來說服我們！

原載《科學人》第 95 期

08

幾何計量的工具

國中所學的平面幾何，計量工具很少，只有

㈠三角形三內角和等於 180°——歐氏幾何的公設

㈡長方形的面積等於長寬之積

㈢畢氏定理

㈣相似形成比例定理

正因為計量工具不足，所以很快的又發展出三角學，其中最核心的計量工具是正弦定律和餘弦定律。下面，我們先以海龍公式來示範在平面幾何和三角學中不同的計量方式。

首先，我們利用畢氏定理將三角形的高表成三邊長的關係式：

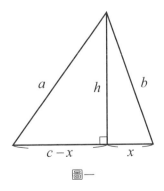

圖一

$$h^2 = b^2 - x^2 = a^2 - (c - x)^2$$

或　　$$b^2 + c^2 - a^2 = 2cx$$

$$\frac{b^2 + c^2 - a^2}{2c} = x$$

所以　$$h^2 = b^2 - \frac{(b^2 + c^2 - a^2)^2}{4c^2}$$

得到三角形面積 △ 的平方是（三角形面積公式）

$$\begin{aligned}
\triangle^2 &= \frac{c^2 h^2}{4} = \frac{1}{16}[4b^2c^2 - (b^2 + c^2 - a^2)^2] \\
&= \frac{1}{16}[2bc - (b^2 + c^2 - a^2)][2bc + (b^2 + c^2 - a^2)] \\
&= \frac{1}{16}[a^2 - (b - c)^2][(b + c)^2 - a^2] \\
&= \frac{1}{16}(a + b + c)(a + b - c)(a - b + c)(b + c - a)
\end{aligned}$$

此即海龍公式。

其次，我們利用正、餘弦定律：

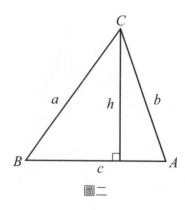

圖二

$$\triangle = \frac{1}{2} bc \sin A \text{（正弦定律的面積形式）}$$

$$\triangle^2 = \frac{1}{4} b^2 c^2 \sin^2 A$$

$$= \frac{1}{4} b^2 c^2 (1 - \cos^2 A) \text{（}\cos A \text{ 以餘弦定律 } \frac{b^2 + c^2 - a^2}{2bc} \text{ 代入）}$$

$$= \frac{1}{4} b^2 c^2 (1 - \frac{(b^2 + c^2 - a^2)^2}{4b^2 c^2})$$

$$= \frac{1}{16} [4b^2 c^2 - (b^2 + c^2 - a^2)^2]$$

一樣得到海龍公式。值得注意的是高可以利用正弦表示：

$$h = b \sin A \text{（正弦定律的原始形式）}$$

$$h^2 = b^2 \sin^2 A = b^2 (1 - \cos^2 A)$$

$$= b^2 (1 - \frac{(b^2 + c^2 - a^2)^2}{4b^2 c^2})$$

$$= b^2 - \frac{(b^2 + c^2 - a^2)^2}{4c^2}$$

　　亦與以畢氏定理解 h 的結果一致，但是正、餘弦定律計算的功能更強。因為正弦定律包含相似形成比例定理，餘弦定律擴張了畢氏定理，至於三角形三內角和等於 180°，本來就是歐氏幾何的特徵。

　　既然，正餘弦定律計量的功能遠大於平面幾何，那麼，為什麼不以三角學取代國中平面幾何的學習？

　　答案是：平面幾何是培養空間（平面）直觀的重要教材，而三角學是空間（平面）計量的代數工具，若無深入的幾何直觀，三角學亦將無用武之地。

以下再舉一例，即正弦定律與圓的結合來說明平面幾何的功能。

$$\frac{a}{\sin A} = \frac{b}{\sin B} = \frac{c}{\sin C} = 2R$$

式中 R 為三角形 ABC 外接圓的半徑

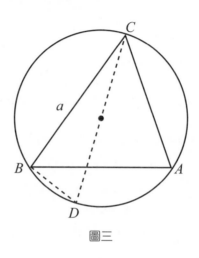

圖三

本來在圖二中，$h = b\sin A = a\sin B$，所以有正弦定律 $\dfrac{a}{\sin A} = \dfrac{b}{\sin B}$，可以說正弦定律與圓並無牽扯。但是在圖三中作過 C 的直徑，由於同弧所對的圓周角相等，所以 $A = D,\ \sin A = \sin D$，但是 $\angle DBC = 90°$，因此 $\sin A = \sin D = \dfrac{a}{2R}$，而有 $\dfrac{a}{\sin A} = 2R$，同理 $\dfrac{b}{\sin B} = \dfrac{c}{\sin C} = 2R$，一方面再度證明了正弦定律，另一方面又可以計算外接圓半徑，但是同弧所對的圓周角相等卻是來自平面幾何！

　　古人發展平面幾何，終極目標當然是立體幾何。此所以歐幾里得的幾何原本從第十一卷開始處理立體幾何的基礎問題，第十二卷談到球的體積，錐體的體積，第十三卷，也就是最後一章，談論五種正多

面體。到此，看起來是再也走不下去了，因為

幾何直觀已用盡，三角代數尚未出

　　不過，三角也是過渡，過渡到哪裏呢? 好比山窮水盡疑無路，柳暗花明又一村; 又一村指的正是坐標（向量）幾何。

篇二

幾何篇

09

內外積取代正餘弦律

　　正、餘弦定律到了坐標（向量）幾何之中，化身為外積和內積。先說內積，內積最先始於畢氏定理求一個向量 (a, b, c) 的長度，如圖一：

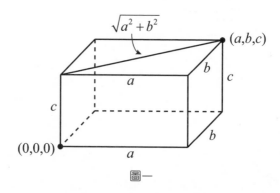

圖一

　　$(0, 0, 0)$ 到 (a, b, c) 的距離，應用兩次畢氏定理，先得到上平面對角線的長是 $\sqrt{a^2+b^2}$，再由 $(\sqrt{a^2+b^2})^2+c^2$ 開根號而得向量 (a, b, c) 的長度是 $\sqrt{a^2+b^2+c^2}$。於是我們看到一個向量 $V=(a, b, c)$ 和自身 V 的運算 $V \cdot V = a^2+b^2+c^2$，而 V 的長度 $|V|=(V \cdot V)^{\frac{1}{2}}$，把這個概念雙線性化，即得兩向量內積的定義：

　　若 $V=(a, b, c)$, $W=(u, v, w)$，定義 V 與 W 的內積為
　　$V \cdot W = au+bv+cw$

如此定出的內積滿足一些合理的規律：（U, V, W 為向量）

㈠交換律 $U \cdot V = V \cdot U$

㈡分配律 $U \cdot (V + W) = U \cdot V + U \cdot W$

$(U + V) \cdot W = U \cdot W + V \cdot W$

㈢與純量的結合律，λ 是實數

$$(\lambda U) \cdot V = U \cdot (\lambda V) = \lambda(U \cdot V)$$

從分配律及交換律可以看出

$$2U \cdot V = U \cdot U + V \cdot V - (U - V) \cdot (U - V)$$

亦即 $U \cdot V$ 可以由三個向量長度的平方得出，與下面談到的餘弦定律連結。

如圖，三角形三邊為向量 $A, B - A$ 和 B：

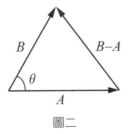

圖二

餘弦定律說

$$(B - A) \cdot (B - A) = A \cdot A + B \cdot B - 2|A||B|\cos\theta$$

等號左邊以分配律展開，$B \cdot B$, $A \cdot A$ 和右邊消去，利用交換律得到

$$2A \cdot B = 2|A||B|\cos\theta$$

亦即 $$A \cdot B = |A||B| \cos \theta$$

$A \cdot B = |A||B| \cos \theta$ 不僅代替了餘弦定律，並且公式更簡單，計算更犀利。

餘弦律被內積取代，正弦律呢? 答案是外積。在談外積之前，我們應該回顧一下內積所滿足的分配律。試想，向量是可以分解和結合的，正如物理中力的分解與結合，因此經常對於一個向量的運算，我們會將向量分解成最基本的向量，分別運算之後，再結合起來，例如內積，任何一個向量都可以分解為 $(1, 0, 0)$, $(0, 1, 0)$ 和 $(0, 0, 1)$ 的倍數和，因此，當然要先了解對此三個基本向量:

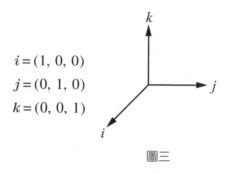

$$i = (1, 0, 0)$$
$$j = (0, 1, 0)$$
$$k = (0, 0, 1)$$

圖三

其間的內積結果如何? 答案是

$$i \cdot i = j \cdot j = k \cdot k = 1 \quad i \cdot j = j \cdot k = k \cdot i = 0$$

前者代表 i, j, k 長度為 1，後者代表 i, j, k 兩兩垂直。

有了這樣的認識，如果 $A = ai + bj + ck$, $B = ui + vj + wk$ 利用分配律，就會得到內積公式:

$$A \cdot B = au + bv + cw$$

外積當然也是如此。

回顧正弦律始於三角形面積可以寫成

$$\frac{1}{2}ab\sin C = \frac{1}{2}bc\sin A = \frac{1}{2}ca\sin B$$

移項整理就得到 $\dfrac{a}{\sin A} = \dfrac{b}{\sin B} = \dfrac{c}{\sin C}$。

現在，空間中有兩個向量 A、B 如圖四：

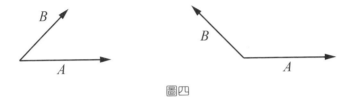

圖四

我們將 $A \times B$ 定成另一個向量 $C,$ C 的大小是 A, B 所決定平面四邊形的面積，C 的方向與 A, B 同時垂直，並且 A, B, C 服從右手定則的順序。

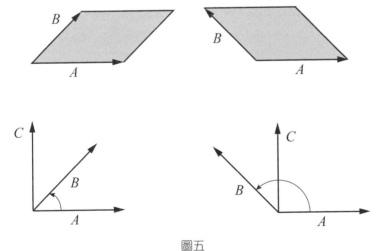

圖五

注意到㊀如果 A, B 共線，則 $A \times B =$ 零向量

　　　　㊁如果 A, B 決定一平面，則 C 與此平面垂直，但是可能向上或向下，因此以右手定則來規範 C

　　　　㊂ $A \times B = -B \times A$

　　　　㊃如果 $i = (1, 0, 0), j = (0, 1, 0), k = (0, 0, 1)$

　　　　則 $i \times i = j \times j = k \times k = 0$

　　　　　$i \times j = k = -j \times i$

　　　　　$j \times k = i = -k \times j$

　　　　　$k \times i = j = -i \times k$

　　以上四條規則都很明顯，是定義的直接結果。但是，如何計算 $A \times B$ 呢？正如內積，如果 $A \times B$ 也有分配律，那麼將 $A = (a, b, c)$ 寫成 $ai + bj + ck$，$B = (u, v, w)$ 寫成 $ui + vj + wk$，就可以得出 $A \times B$ 的算則，我們試行計算如下：

$$A \times B = (ai + bj + ck) \times (ui + vj + wk)$$
$$= (bw - cv)i + (cu - aw)j + (av - bu)k$$

答案與高中教的算法一致：

$$
\begin{array}{ccccc}
b & & c & a & & b \\
& \times & & \times & & \times \\
v & & w & u & & v \\
\\
& i & & j & & k
\end{array}
$$

　　事實上，整個的計算正是建立在分配律的基礎上。如此定義之後，$A \times B$ 的大小 $|A \times B|$ 就等於 $|A||B|\sin\theta$，即 A, B 所決定平行四邊形的面積：

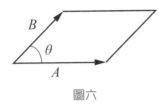

圖六

　　在 A, B 都是水平向量時 $(c = w = 0)$，$A \times B$ 的公式相對簡單

$$A \times B = (av - bu)k,\ 指向\ z\ 軸$$

而 $av - bu$ 等於二階行列式 $\begin{vmatrix} a & b \\ u & v \end{vmatrix}$。

　　所以在平面向量的情形，(a, b) 和 (u, v) 所決定的平行四邊形面積是行列式 $\begin{vmatrix} a & b \\ u & v \end{vmatrix}$（的絕對值）。

　　至於 $A \times B$ 為什麼服從分配律，我們將在下段討論。

　　首先，我們假設讀者已經完全掌握了內積的運算性質，例如，交換律與分配律：$\alpha \cdot \beta = \beta \cdot \alpha$ 及 $\alpha \cdot (\beta + \gamma) = \alpha \cdot \beta + \alpha \cdot \gamma$，上式中 α, β, γ 均代表向量。

　　接著我們定義外積，對於向量 α, β，$\alpha \times \beta$ 意指一個與 α, β 同時垂直的向量 δ，δ 的大小是 α, β 所張出的平行四邊形面積，δ 的方向是使 α, β, δ 三者服從右手定則。

　　所謂右手定則是指如果 $\alpha,\ \beta$ 的相對關係，如圖七，

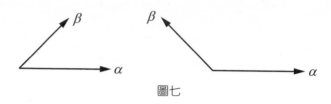

圖七

則 $\alpha \times \beta$ 的方向突出紙面，箭頭向上。反之，如果 $\alpha,\ \beta$ 的相對關係，如圖八，

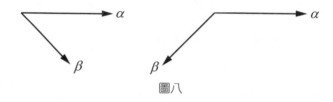

圖八

則 $\alpha \times \beta$ 的方向指向紙內，箭頭向下。顯而易見，$\alpha \times \beta = -\beta \times \alpha$。當然，如果 $\alpha,\ \beta$ 互為實數倍，則 $\alpha \times \beta = 0$（向量）。

> 性質一 λ 為實數，則 $\alpha \times (\lambda \beta) = (\lambda \alpha) \times \beta = \lambda(\alpha \times \beta)$。（證明略）

> 性質二 如果 $\alpha,\ \beta,\ \gamma$ 三向量服從右手定則，則 $(\alpha \times \beta) \cdot \gamma > 0$，並等於 $\alpha,\ \beta,\ \gamma$ 所展出的平行六面體體積。而如果 $(\alpha \times \beta) \cdot \gamma < 0$，則 $-[(\alpha \times \beta) \cdot \gamma]$ 是 $\alpha,\ \beta,\ -\gamma$ 所展出的平行六面體體積。（證明略）

由性質二，我們得到性質三。

> 性質三 $(\alpha \times \beta) \cdot \gamma = (\beta \times \gamma) \cdot \alpha = (\gamma \times \alpha) \cdot \beta$

性質三代表平行六面體體積的不變性。

性質四 $\alpha \times (\alpha + \beta) = (\alpha + \beta) \times \beta = \alpha \times \beta$

這是因為如圖九：

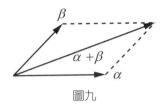

圖九

α 和 $\alpha + \beta$（或 $\alpha + \beta$ 和 β）所張出的平行四邊形面積等於 α 和 β 所張出的平行四邊形面積，而且 $\alpha, \alpha + \beta$（或 $\alpha + \beta$ 和 β）和 $\alpha \times \beta$ 服從右手定則。

性質五 $\alpha \times (\beta + \gamma) = \alpha \times \beta + \alpha \times \gamma$

證明 假設 α, β, γ 構成一組基底，或是 α, β, γ 三者不在同一個平面上，考慮上式等號左右兩邊與 α, β, γ 三者的內積：

等號左邊

$(\alpha \times (\beta + \gamma)) \cdot \alpha = 0$（因為 $\alpha \times (\beta + \gamma)$ 和 α 垂直）

$(\alpha \times (\beta + \gamma)) \cdot \beta = ((\beta + \gamma) \times \beta) \cdot \alpha = (\gamma \times \beta) \cdot \alpha$（性質三、四）

$(\alpha \times (\beta + \gamma)) \cdot \gamma = ((\beta + \gamma) \times \gamma) \cdot \alpha = (\beta \times \gamma) \cdot \alpha$（性質三、四）

等號右邊

$(\alpha \times \beta + \alpha \times \gamma) \cdot \alpha = 0$（因為 α 和 $\alpha \times \beta, \alpha \times \gamma$ 垂直）

$(\alpha \times \beta + \alpha \times \gamma) \cdot \beta = (\alpha \times \gamma) \cdot \beta$（$\alpha \times \beta$ 和 β 垂直）

$(\alpha \times \beta + \alpha \times \gamma) \cdot \gamma = (\alpha \times \beta) \cdot \gamma$（$\alpha \times \gamma$ 和 γ 垂直）

比較上述計算，性質五的等號左邊和 α, β, γ 的內積分別等於性質五的等號右邊和 α, β, γ 的內積，所以等號成立。

至於如果 α, β, γ 同屬一個平面，不妨假設 $\gamma = \lambda\alpha + \mu\beta$，證明略。

既然有了 $\alpha \times \beta$ 的分配律，加上 $i \times j = k, j \times k = i, k \times i = j$

$(i = (1, 0, 0), j = (0, 1, 0), k = (0, 0, 1))$，我們可以計算 $\alpha \times \beta$ 如下：

$$\alpha = (x, y, z), \ \beta = (u, v, w)$$
$$\alpha \times \beta = (xi + yj + zk) \times (ui + vj + wk)$$
$$= (yw - zv)i + (zu - xw)j + (xv - yu)k$$

這就是一般課堂上所教的公式

$$
\begin{array}{cccccc}
x & y & z & x & y \\
u & v & w & u & v
\end{array}
$$

注意到我們把 $\alpha, \beta, \alpha \times \beta$ 服從右手定則這件事擺在定義中，而利用分配律得到計算的法則。

—— 10 ——

三垂線定理幫助建立空間坐標

　　三垂線定理通常出現在高中坐標幾何的教材中，是一個看起來怪里怪氣的定理，如圖一：

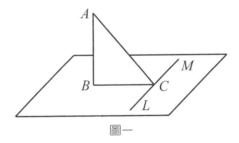

圖一

B 在平面上，AB 與平面垂直，BC 在平面上（BC 當然與 AB 也垂直），又在平面上過 C 作直線 LM 與 BC 垂直，則 AC 與 LM 垂直。

　　在上面這個敘述中，有 $AB \perp BC$, $BC \perp LM$ 的假設，因為涉及 AB、BC、LM 三條兩兩垂直的直線，所以稱為三垂線定理。

　　這個定理為什麼奇怪呢？因為就坐標幾何來看，上圖中，如果把平面想成 x–y 平面，AB 想成 z 軸，BC 想成 x 軸，則因 LM 在平面上與 x 軸垂直，所以 LM 是一條平行於 y 軸的直線，如圖二：

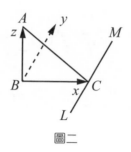

圖二

易見 AC 落在 x–z 平面，並且 LM 既然平行 y 軸，LM 當然垂直 x–z 平面，因此當然垂直 x–z 平面上過 C 的直線 AC，有點不證自明。由於證明看來十分容易，不太像是一個定理，擺在教科書中，到底起了什麼作用，很少有人知道。即使是一些為了應用三垂線定理而硬湊出來的習題，只要利用坐標幾何就自然可解，三垂線定理看起來似乎是多餘的。

　　事實當然不是這樣，原因是三垂線定理是用來建立空間坐標的一個相當重要的幾何定理，如果沒有這個定理，就沒有歐幾里得幾何原本第十一卷的命題 6：

　　　　如果兩直線垂直同一平面，則兩直線互相平行。

命題 6 為什麼重要？先想想平面幾何的情形：在平面上兩直線同時垂直第三條直線，則兩直線平行，這不就是平行公理嗎，如圖三：

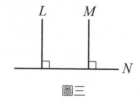

圖三

你可以說 *L*、*M* 被 *N* 所截，同位角相等，或者也可以說同側內角互補，所以 *L* 與 *M* 平行。在現行的國中平面幾何教材中，這個敘述甚至變成了 *L* 與 *M* 平行的定義。

　　再深入想想，如果我們要在平面上建立直角坐標，應該透過哪些步驟? 首先當然要選一個原點 *O*，然後過 *O* 畫兩條互相垂直的直線，一條作為 *x* 軸，另一條作為 *y* 軸，如圖四:

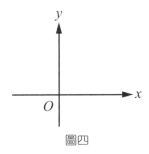

圖四

接下來我們要定出坐標為 (a, b) 的點，假設 $a > 0, b > 0$ 好了，一個辦法是從 *O* 向右沿 *x* 軸走 *a* 單位，再向上垂直 *x* 軸走 *b* 單位，到達的點叫 (a, b)。另一個辦法是從 *O* 先向上沿 *y* 軸走 *b* 單位，然後再垂直 *y* 軸走 *a* 單位，請問，這樣會走到同一點嗎? 如圖五:

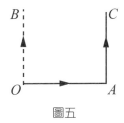

圖五

在圖中，先走了 *OAC*，然後另外又走 *OB*，由於 $CA \perp OA$, $OB \perp OA$，所以根據剛才的討論，$OB /\!/ AC$，*OB* 和 *AC* 等長，都是 *b* 單位，所以

CAOB 是一個長方形，也就是說從 *B* 出發垂直 *OB* 向右前進，走的正是 *BC* 線段，因此無論是先 *a* 後 *b*，或是先 *b* 後 *a*，都會決定同一點 (a, b)。

　　從上面的這段討論可以看出平行公理是如何的介入到平面坐標的建立，類似的狀況也出現在空間坐標的建立，因此首要的任務就是建立上述歐幾里得幾何原本第十一卷的命題 6：

　　如果兩直線垂直同一平面，則兩直線互相平行。

我們略述如何証明，如圖六 *CD* 和 *AB* 均垂直同一平面：

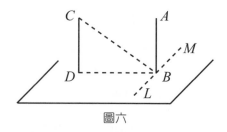

圖六

連接 *DB* 並過 *B* 作 *LM*，*LM* ⊥ *DB*，連 *CB*，則由三垂線定理，*CB* ⊥ *LM*，因此過 *B* 而與 *LM* 垂直的直線有三條，即 *DB*, *AB*, *CB*。我們已知過 *B* 與 *LM* 垂直的所有直線構成一以 *LM* 為法線的平面（第十一卷命題 5），所以 *AB*, *CB*, *DB* 共平面，但 *CD* 亦在此一平面上，因此 *AB* 與 *CD* 共面，而又均垂直 *DB*，所以 *AB* ∥ *CD*，得證。

　　一旦有了這個定理，我們就可以仿平面的情形，先在 x–y 平面上建好坐標，再從 x–y 平面上各點垂直向上建立 z 坐標，我們可以靠著命題 6 證明所有具相同 z 坐標的點自成一個平面，與 x–y 平面平行。

　　三垂線定理本身當然也需要證明，不難想像，它的證明不能用坐標幾何，必須靠最基本的畢氏定理，如圖七：

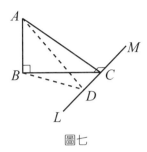

圖七

在 LM 上另取一點 D，連 AD, BD，則 $\triangle ABD$ 是一直角三角形，計算 $\overline{AC}^2 + \overline{CD}^2$，

$$\overline{AC}^2 + \overline{CD}^2 = \overline{AB}^2 + \overline{BC}^2 + \overline{CD}^2 \;(\triangle ABC \text{ 是直角三角形})$$
$$= \overline{AB}^2 + \overline{BD}^2 - \overline{CD}^2 + \overline{CD}^2 \;(\triangle BCD \text{ 是直角三角形})$$
$$= \overline{AB}^2 + \overline{BD}^2$$
$$= \overline{AD}^2 \;(\triangle ABD \text{ 是直角三角形})$$

再由畢氏定理的逆定理，可以看出在 $\triangle ACD$ 中，$\angle ACD$ 是直角而證出三垂線定理。

記得我在民國 54 年讀高二的時候，要學兩個禮拜的立體幾何。學校發了一本立體幾何的小冊子，裏面談的定理就是歐幾里得幾何原本第十一卷的幾個命題，例如

命題 3 兩平面若相交，則相交的部分是一直線。

命題 4 如果一直線過另外兩條直線的交點，並且與它們同時垂直，則此直線垂直於後者所決定的平面，亦即與此平面上過交點的所有直線均垂直。

命題 5 過一直線上固定一點並與此直線垂直的所有直線形成一個平面。

命題 6 　兩直線如果垂直同一平面，則此二直線互相平行。

因為聯考不考，教與學都有氣無力。老師通常只把命題唸一遍，說說命題的意思，根本不想講證明。其實，即使是講證明學生也聽不下去，因為光畫圖就是個大問題，畢竟是要在平面的黑板上畫立體的透視圖。

　　我想，正是因為立體幾何實在無法重新去走一遍平面幾何所走的路，所以才放棄了這條「原道」，而走向三角，又走向坐標幾何。

　　當整個空間建立好坐標的時候，想想看，這是多麼巨大的工程，可以透過坐標連繫無論相距多麼遙遠的點，如果不是平行公理和應運而生的三垂線定理，我們便無法視遠猶近，比較兩條相距很遠但垂直同一平面的直線。

　　空間的坐標化，一言以蔽之，就是空間的平行化，垂直化，此所以向量隨時可以平移，彼此遠在天邊的兩個向量可以相加，這也說明了我們所見的空間確實就是歐氏空間。

11

點到直線距離公式的教學現場

有一天，我去看實習老師試教，教材是「平面上點到直線的距離公式」，這個公式是：

點 (x_0, y_0) 到直線 $L : ax + by + c = 0$ 的距離是

$$\frac{|ax_0 + by_0 + c|}{\sqrt{a^2 + b^2}}$$

他先給了一個我認為不是很恰當的證明：

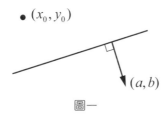

圖一

首先，我們知道 (a, b) 與直線垂直，所以考慮 $(x_0, y_0) + t(a, b)$，希望這一點落在 L 上，因此代入 L 得到：

$$a(x_0 + ta) + b(y_0 + tb) + c = 0$$
$$t(a^2 + b^2) = -c - ax_0 - by_0$$
$$t = -\frac{ax_0 + by_0 + c}{a^2 + b^2}$$

因為點 (x_0, y_0) 到 L 的距離是向量 $t(a, b)$ 的長度，這個長度是

$$|t|\sqrt{a^2+b^2} = \frac{|ax_0+by_0+c|}{a^2+b^2}\sqrt{a^2+b^2} = \frac{|ax_0+by_0+c|}{\sqrt{a^2+b^2}}, \quad \text{此即} (x_0, y_0) \text{到}$$

直線 $ax+by+c=0$ 的距離公式。

講解這一段大概花了 10 分鐘，然後老師開始在黑板上表演各種例題，這些例題基本上是操作上述公式，即把 (x_0, y_0) 代入，加絕對值，再除以 $\sqrt{a^2+b^2}$。

也有一些應用題，例如判斷直線 L 和一個圓的關係，此時 (x_0, y_0) 是圓心，只要看 (x_0, y_0) 到 L 的距離是小於，等於或大於圓的半徑，用以判斷直線 L 是和圓相交，相切或相離，這些例題還好。

輪到討論的時候，我提出了二個問題，第一，為什麼公式以 x_0, y_0 代入時，分子 ax_0+by_0+c 有可能正，也有可能負，因此必須要加絕對值符號? 第二，為什麼分母會出現 $\sqrt{a^2+b^2}$?

同學們當然無法回答，實習老師也覺得困惑，我的提問一語中的，大家都啞口無言。

答案是，這個公式應該要用幾何的，而非代數的思維來證明:

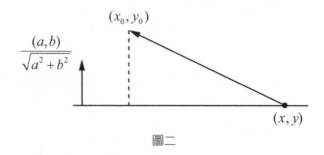

圖二

首先，我們在 L 上任選一點 (x, y)，然後看向量 (x_0-x, y_0-y)。

此一向量在單位長向量 $\dfrac{1}{\sqrt{a^2+b^2}}(a,\,b)$ 方向的投影是內積：

$$\frac{a(x_0-x)+b(y_0-y)}{\sqrt{a^2+b^2}}$$

由於 $ax+by+c=0$，所以上式是（因為 $c=-ax-by$）

$$\frac{ax_0+by_0+c}{\sqrt{a^2+b^2}}$$

除了正負，此即點到直線的距離公式，因此，如果 $(a,\,b)$ 指向 $(x_0,\,y_0)$，計算為正，否則為負，而除以 $\sqrt{a^2+b^2}$ 的作用在於取單位長的向量 $\dfrac{(a,\,b)}{\sqrt{a^2+b^2}}$。

　　老師的辯解是，此刻內積還沒教，因此只好用代數方法。我的回答是，一定要先教內積、外積，然後再處理相關的幾何問題。

　　我因此再舉了一個常見的例子。

　　在學了點到直線或是點到平面的距離公式之後，有的老師會教如何求相交直線的角平分線，或是求相交平面的角平分面。以平面上過 $(0,\,0)$ 的兩條直線 L_1, L_2 為例：

$$L_1 : ax+by=0$$
$$L_2 : cx+dy=0$$

由於角平分線是到 L_1, L_2 距離相等的點的軌跡，所以角平分線上的點 $(x,\,y)$ 滿足

$$\left|\frac{ax+by}{\sqrt{a^2+b^2}}\right|=\left|\frac{cx+dy}{\sqrt{c^2+d^2}}\right|$$

當我們把絕對值打開的時候

$$\frac{ax+by}{\sqrt{a^2+b^2}} = \pm\frac{cx+dy}{\sqrt{c^2+d^2}} \cdots\cdots (1)$$

(1)式代表兩條直線，它們都是 L_1, L_2 交角的角平分線，這是因為 L_1 和 L_2 的交角有兩個，彼此互補，如圖三：

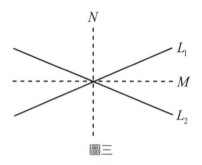

圖三

M 和 N 都是角平分線，易見 M 和 N 垂直。

上面這個方法非常簡潔，但是卻不容易分辨(1)中哪個方程式是 M，哪個方程式是 N。底下提供另一個方法來直接得到 M，此處 M 是 L_1, L_2 所夾銳角的角平分線。

在 L_1 和 L_2 的方程式中，$\overrightarrow{n_1} = \dfrac{(a,\ b)}{\sqrt{a^2+b^2}}$ 和 $\overrightarrow{n_2} = \dfrac{(c,\ d)}{\sqrt{c^2+d^2}}$ 分別是兩者的（單位）法向量，我們假設 $\overrightarrow{n_1}\cdot\overrightarrow{n_2}>0$。如果一開始 $\overrightarrow{n_1}\cdot\overrightarrow{n_2}<0$，我們就將其中之一，例如 L_1 的方程式用 $-ax-by=0$ 表達。總之，我們可以假設我們已經作了 $\overrightarrow{n_1}\cdot\overrightarrow{n_2}>0$ 的選擇（$\overrightarrow{n_1}\cdot\overrightarrow{n_2}=0$ 或是 $L_1\perp L_2$ 的情形，不需要特別討論），請看圖四：

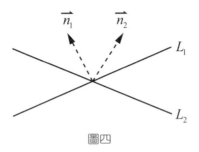

圖四

我們不妨假設 $\vec{n_1}$、$\vec{n_2}$ 均指向上方，並且 $\vec{n_1}$、$\vec{n_2}$ 夾銳角，與 L_1, L_2 所夾的銳角相等，令

$$(u,\, v) = \vec{n_1} + \vec{n_2}$$

由於 $\vec{n_1}$、$\vec{n_2}$ 等長，易見 $(u,\, v)$ 的方向一方面代表 L_1, L_2 所夾鈍角的角平分線，另一方面代表 L_1, L_2 所夾銳角的角平分線的法向量。

以下計算兩個例子：

例一 求 $L_1 : y = 2x$ 和 $L_2 : y = -x$ 所夾銳角的角平分線。

解 將 L_1, L_2 的方程式寫成

$$2x - y = 0,\; x + y = 0$$

則 $\dfrac{(2,\, -1)}{\sqrt{5}}$ 和 $\dfrac{(1,\, 1)}{\sqrt{2}}$ 的內積大於 0，令

$$(u,\, v) = \frac{(2,\, -1)}{\sqrt{5}} + \frac{(1,\, 1)}{\sqrt{2}}$$

$ux + vy = 0$ 即為所求。

同樣的作法，可以用來求兩平面所夾銳角的角平分面。

例二 求兩平面 $x+2y-z=0$ 和 $x-y+2z=0$ 所夾銳角的角平分面。

解 將平面方程式調整為

$$x+2y-z=0$$
$$-x+y-2z=0$$

則 $\vec{n_1}=\dfrac{(1,\,2,\,-1)}{\sqrt{6}}$, $\vec{n_2}=\dfrac{(-1,\,1,\,-2)}{\sqrt{6}}$

並且 $\vec{n_1}\cdot\vec{n_2}=\dfrac{3}{6}=\dfrac{1}{2}>0$

令 $(u,\,v,\,w)=\vec{n_1}+\vec{n_2}=\dfrac{1}{\sqrt{6}}(0,\,3,\,-3)$

則所求角平分面的法向量是 $(u,\,v,\,w)$,

方程式為（$\dfrac{1}{\sqrt{6}}$ 不計）

$$3y-3z=0 \text{ 或 } y-z=0$$

上面這個方法完全不需使用距離公式就可以求兩直線交角的角平分線。另一方面，如果不是使用內積來求點到直線的距離公式，多半只學到了如何代值，代值的動作單調而無聊，完全偏離了數學教育的目的。

12

月地距是地球半徑的 60 倍

美國太空總署分別在 1969 年 7 月，1971 年 2 月和 1971 年 7 月在月球上放了三個反射鏡，並從地球以雷射光射向鏡子，藉著反射回到地球的時間差可以測出月地平均距離是 384000 公里。不過這個「鏡子」可不是平常看到的平面鏡。因為利用平面鏡來反射雷射光，除非鏡面和入射光垂直，否則完全無法控制反射光的方向，所以要經過特殊設計。

設計的想法是從反射的幾何原理來思考，我們不妨以坐標幾何來說明。

假設鏡面是 $x-y$ 平面，如圖一，有一束光以向量 (a, b, c) 的方向射向 $x-y$ 平面：

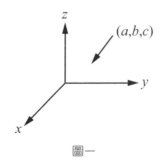

圖一

　　我們要問：(a, b, c) 經過 x-y 平面反射後的向量為何？一個簡單的看法是把 (a, b, c) 向量分解為 $(a, 0, 0)$, $(0, b, 0)$ 和 $(0, 0, c)$ 三個向量，然後分別考慮。注意到 $(a, 0, 0)$ 和 $(0, b, 0)$ 均與 x-y 平面平行，所以保持不變，但是 $(0, 0, c)$ 和 x-y 平面垂直，因此反射後變成 $(0, 0, -c)$，差了一個負號。將 $(a, 0, 0)$, $(0, b, 0)$ 和 $(0, 0, -c)$ 再加回來得到 $(a, b, -c)$，正是 (a, b, c) 被 x-y 平面反射後的向量，注意到 a, b 保持，但是 c 變成 $-c$。

　　我們因此要設計的是一個「三面鏡」，如圖二：

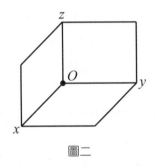

圖二

亦即利用原點 O 連接三面互相垂直的鏡子：x-y 鏡、y-z 鏡和 z-x 鏡，實際上就是仿三個坐標平面的配置。

　　現在雷射光以向量 (a, b, c) 的方向射入，先碰到 x-y 鏡，反射後 (a, b, c) 變成 $(a, b, -c)$，假設反射光緊接著射到 y-z 鏡，經過反射變成 $(-a, b, -c)$，然後再射到 z-x 鏡，反射後變成 $(-a, -b, -c)$，剛好和入射的方向相反，可以回到原發射點。

　　因此月球上設置的「鏡子」是將一個原本是圓筒狀的稜鏡後端，

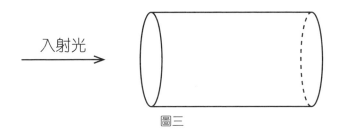

圖三

如圖四，磨成上文所解釋的「三面鏡」，亦即三個互相垂直的面。

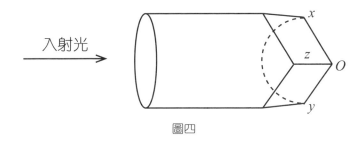

圖四

入射光只要射入稜鏡，經過後端這三個面輪流反射之後，反射光就會平行入射光回到原發射點，頂多差一個稜鏡接收面的範圍。

我們約略計算現今已知月地距離和地球半徑的比值：月地距離是 384000 公里，地球半徑是 $40000 \div 3.14 \div 2 = 6370$ 公里，因此 $384000 \div 6370 = 60.28$，月地距離大約是地球半徑的 60 倍。

事實上，早在西元前兩三百年，希臘的天文學家就知道月地距離大約是地球半徑的 60 倍，他們是怎麼辦到的？

首先，在滿月的時候，他們用一個錢幣在眼前移動，嘗試剛好可以遮住月球。當錢幣剛好遮住月球的時候，有下面的關係：

$$\frac{錢幣直徑}{眼至錢幣距離} = \frac{月球直徑}{月地距離}$$

以實測求得上式左邊約為 $\dfrac{1}{110}$，而另一方面，滿月的大小與太陽的大小相當，所以 $\dfrac{1}{110}$ 也是太陽直徑與日地距離之比。

　　根據現代的數據，太陽直徑是 1391000 公里，日地距離是 1.49×10^8 公里，月球直徑是 3476 公里，月地距離是 384000 公里。

$$\frac{1.49 \times 10^8}{1391000} = 107 \text{ 並且 } \frac{384000}{3476} = 110.5$$

這表示古人看滿月和太陽的視角與現代數據接近，如圖五：

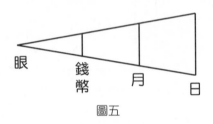

圖五

圖中的三角形均相似，底與高之比均為 $\dfrac{1}{110}$。

　　將上圖從右邊看到左邊，想成是太陽發出來的光，被月球遮住到達地面的眼睛，有如日全蝕一般。

　　現在再來看看月蝕的情形，太陽的光被地球 e 遮住了，在月球的位置形成了一個本影 e'：

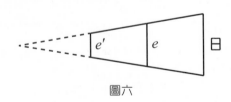

圖六

由於太陽距離地球遠比地月距離大得多，所以不妨假設圖六中的三角形仍然是一個底比高為 $\frac{1}{110}$ 的三角形，圖中 e 到 e' 是月地距離。

當年，希臘人觀察月全蝕，從月球通過地球本影 e' 的時間發現 e' 是月球直徑 m 的 2.5 倍。（關於這一點，我們稍後補充說明。）

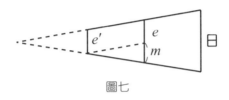

圖七

畫一條虛線平行 ee' 的上緣，可以看出月球的直徑 m 加上 e' 剛好是地球的直徑，由於 $e'=2.5m$，所以 $e=3.5m$。先前由實驗得到：

$$\frac{月地距離}{月直徑} = 110$$

所以

$$\frac{月地距離}{月半徑} = 220$$

而

$$\frac{月地距離}{地半徑} = \frac{220}{3.5} = 62.8$$

我們因此結論月地距離是地球半徑的 60 倍（大約）。

回頭來看看地球的本影直徑 e' 為什麼是月球直徑 m 的 2.5 倍。

首先，看看月全蝕時，月球通過本影的時間。以 2011 年 6 月 16 日的月全蝕為例，各個階段的時間點是：

初虧 02：23，食既 03：22，食甚 04：13，生光 05：03

亦即月球通過本影的時間是從 02：23 到 05：03，大約是 2 小時 30 分鐘。

再看月球的視角，$\frac{1}{110}$，這相當於一個半徑 110，弧長 1 的角，如圖八：

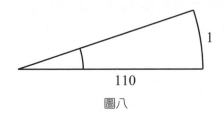

圖八

$$\frac{視角的度數}{360} = \frac{1}{110 \times 2 \times 3.14}，\text{所以視角的度數} = 0.5°。$$

至於月球在天上每一小時移動幾度呢？由於陰曆月接近 30 天，因此不妨估計月球每天移動 $\frac{360}{30} = 12°$，也就是每小時移動 $0.5°$，剛好是一個月直徑，這就是古代希臘從月全蝕歷時 2.5 小時而估計地球本影的直徑是月球直徑 2.5 倍的原因。他們用這麼簡單的數學和觀察就能理解天文上的種種，是不是很神奇呢？

13

牛頓的月球試算

　　月地距離是地球半徑的 60 倍，這件事對很多人來說，不過是個數據，但是對牛頓 (1642～1727) 這種天才，卻是一個千載難逢的啟發。

　　1665 年倫敦瘟疫流行，學校關閉，牛頓離開劍橋大學回到家鄉，在那裏呆了 18 個月，基本上完成了運動學和微積分的研究，並且同時研究重力。

　　當時，由於克卜勒行星定律的成功，許多人猜想行星繞日是受到一個看不見的引力拉扯，而這個引力的大小應該是和行星到日的距離平方成反比。

　　牛頓當時一方面看到月球繞地，另一方面也看到蘋果落地，他認為這兩者均源於所謂的「地心引力」，其間必有某種關聯。

　　簡言之，月球受到地球的引力，加上自己的速度，使得一方面前進，一方面繞行地球，月球不會墜向地球，是因為有橫移的速度，地球的吸力提供的是轉彎所需的加速度——向心加速度。

　　月球繞地球，根據克卜勒，軌道是橢圓，但以近似來說，不妨假設月球繞地球是一個等速圓周運動。我們以 v 表月球的速度，並以 d 表月地距離，則向心加速度是 $\dfrac{v^2}{d}$，如圖一：

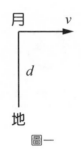

圖一

向心加速度 a 為什麼是 $\dfrac{v^2}{d}$ 呢? 一個簡單的看法是, 如果繞行一圈的週期是 T, 則 $v = \dfrac{2\pi d}{T}$,

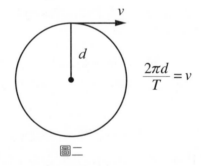

圖二

但是, 我們也可以看 v 的變化圖, 即把 d、v 圖中的 v 自行畫一個圓:

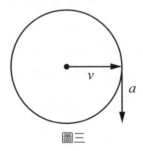

圖三

則因 v 的變化是 a（正如 d 的變化是 v），所以也有 $\dfrac{2\pi v}{T}=a$，將

$\dfrac{2\pi d}{T}=v$ 和 $\dfrac{2\pi v}{T}=a$ 兩式相比得到 $\dfrac{d}{v}=\dfrac{v}{a}$，所以向心加速度 $a=\dfrac{v^2}{d}$。

　　由於月地距離是地球半徑的 60 倍，因此月球繞地的向心加速度

$\dfrac{v^2}{d}=\dfrac{v^2}{60R}$（$R$ 是地球半徑）應該是蘋果受到的重力加速度 9.8

公尺／秒^2 的 3600 分之 1。亦即

$$\frac{9.8}{3600}=\frac{v^2}{60R}$$

分母的 3600 是 60 的平方，代表引力與距離的平方成反比。

　　牛頓於是先計算 $\dfrac{v^2}{60R}$，假設月球繞地的週期是 T（秒），則

$v=\dfrac{2\pi d}{T}$，因此有

$$\frac{v^2}{60R}=4\pi^2\frac{d^2}{60R\times T^2}=4\pi^2\frac{60R}{T^2}$$

上式中的 d 以 $60R$ 代入，而 T 要以恆星月 27.32 天代入。計算如下：

$$\text{月球向心加速度}=4\times3.14^2\times60\times6370\times10^3/(27.32\times86400)^2$$
$$=0.0027\ \text{公尺／秒}^2$$

式中 6370（公里）是地球的半徑 R，86400 是一天的秒數，27.32（天）是從恆星觀察月球繞地的週期。

　　另一方面，計算 $\dfrac{9.8}{3600}$ 得到 0.0027 公尺／秒^2，因此符合牛頓的萬有引力初探——引力的大小與距離的平方成反比。

不過在這個時間點，牛頓錯估了地球半徑 R，他代入的 R 值比地球實際的半徑小一些，因此他所得到的月球向心加速度也比 0.0027 小，並不是 9.8 除以 3600，而是 9.8 除以 4000 多。這件事雖然讓牛頓覺得困擾，但是很快的，在 1672 年，法國的科學家 Picard 測出了比較正確的半徑值，大約是 3963 英里（6333 公里），這樣的結果當然令牛頓滿意。

雖然如此，仍然有一件事困擾牛頓，就是地球對蘋果的吸引力可以看成地球的質量集中在地心，由地心吸引蘋果。在上文的計算中，地月距離是 $60R$，這大致是正確的，至少地球距離月球很遠，質量看成集中在地心，沒有太大差別。但是蘋果就在地表，地球各部分對蘋果均有大、小不等的吸力，要將這些吸力加總而得到可以將地球質量視為集中於球心，很顯然，這是一個複雜的向量加總問題，必須訴諸於微積分。

現在，因為萬有引力（重力）的教學已經提前到國中，在這個年紀，幾乎所有的科學現象都是靠灌輸、記憶和做大量的測驗卷來熟悉，而不是經過思辨來理解。因此，只要看到「地心引力」這四個字，幾乎就已認定吸引力是從地球中心發出來的。

牛頓當年遲遲不敢發表他的萬有引力理論，就是上述的「加總」無法解決。當他真正用微積分解決之後，他非常快樂，因為在 23 歲時所作的「月球試算」，由地心吸引蘋果的想法完全正確，於是他在 1687 年正式發表了有關萬有引力的嚴謹證明，是物理／數學史上的大事。

一言以蔽之，萬有引力是數學家牛頓根據克卜勒行星律證明出來的，而不是物理學家牛頓設計了實驗量出來的。

14

阿利斯塔克測算太陽大小

　　古代希臘的數學／天文學家阿利斯塔克 (Aristarchus, 310～230 B.C.) 約與歐幾里得 (300 B.C.) 同時，他主張日心說，證據是太陽遠比地球大得多，所以不可能是太陽繞著地球跑。

　　阿氏如何知道太陽比地球大很多? 首先，他注意到滿月與平日所見的太陽看起來大小差不多。因此，他想到應該估算日地距和月地距之比，這個比值就是太陽直徑和月球直徑之比，如圖一，日全蝕的情形：

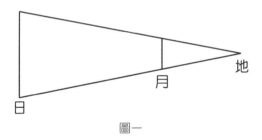

圖一

在日全蝕的時候月球剛好遮滿太陽，所以太陽直徑：月球直徑＝日地距：月地距。

　　那麼，如何估計 $\dfrac{\text{日地距}}{\text{月地距}}$ 呢? 阿氏想到一個辦法，如圖二，月半的時候：

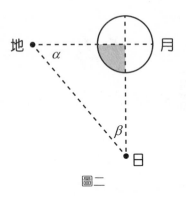

圖二

因為太陽照到月球，月球總有一半是亮的，如果是月半，如圖二，月地連線必須剛好和日月連線垂直，地球才會看到半月。因此，阿氏要量 α 角的大小，他的結果是 $\alpha = 87°$，所以 $\beta = 3°$，而月地距：日地距 $= \sin 3°$。

　　$\sin 3°$ 大約是 0.05，所以日地距是月地距的 20 倍，因此日直徑也是月直徑的 20 倍（如圖一）。

　　既然日直徑是月直徑的 20 倍，而在本書「月地距是地球半徑的 60 倍」一文中，估計了地直徑是月直徑的 3.5 倍，所以日直徑是地直徑的 $\frac{20}{3.5}$ 約為 6 倍，阿氏因此認為大地球 6 倍的太陽不可能繞著地球跑，而是應該反過來。

　　以現代的數據來看：

日直徑 1.4×10^6 公里
日地距 1.5×10^8 公里
月直徑 3476 公里
月地距 384000 公里
地直徑 12738 公里

我們試著用現代的數據來檢驗阿氏的測量和計算：

	現代	阿氏
日地距：日直徑	107	110
月地距：月直徑	110	110
地直徑：月直徑	3.66	3.5
日地距：月地距	390	20
日直徑：地直徑	110	6

　　表中只有後兩項出入很大，原因是在圖二中，阿氏估的 α 過小（β 過大）。阿氏估 α 是 87°，但是由於太陽很遠，α 其實會更接近 90°。此外，以肉眼去抓月半的確切時刻也不會很準，因為必須要在太陽剛下山時看到月半。雖然如此，最神奇的是在那麼古早的時候，這些希臘人就懂得利用幾何和三角來量天上的事，真是了不起。

15
三角函數的教學

一位實習老師在高中試教的時候，把正弦函數的圖形畫成上、下兩個半圓：

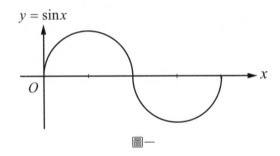

$y = \sin x$

圖一

我看了很不舒服，我告訴他，應該是：

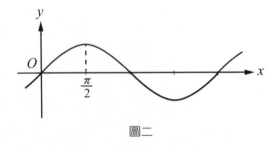

圖二

請注意，這個圖形從原點往右上方走的時候，一開始切線的斜率為 1，

然後切線斜率慢慢降下來，到了 $x = \dfrac{\pi}{2} \doteq 1.57$ 的時候，切線斜率變成 0，$\sin x$ 到達最大值 1，爾後慢慢下降。不信，你可以看看課本後面的三角函數表，我告訴他。

他看了三角函數表之後（我相信這是他第一次看三角函數表），覺得很奇怪，為什麼 $\sin 1° = 0.0175$? 如果正弦函數圖形從原點出發的斜率為 1，那麼 $\sin 1°$ 應該接近 1，而不是 0.0175。

原因是，當我們畫函數圖形的時候，x 軸用的單位是弧度量，而不是度度量。比方說 $\sin \dfrac{\pi}{2} = 1$，這 $\dfrac{\pi}{2}$ 在 x 軸上標的位置不是 90，而是 $\dfrac{3.1416}{2} = 1.5708$。所以要了解 $\sin 1° = 0.0175$，應該把 1° 先換成弧度再來說。

1° 如 何 換 成 弧 度？ $1° : 180° = \theta : \pi$， 解 θ， $\theta = \dfrac{\pi}{180} \doteq \dfrac{3.1416}{180}$ = 0.0174533，因此事實上是

$$\sin(0.0174533 \text{ 弧度}) \doteq 0.0175$$

所以就知道為什麼正弦圖形在剛開始往上爬的時候，斜率是 1。實際上，在 θ 弧度很小的時候 $\sin \theta \doteq \theta$，請看圖三中的單位圓及正弦的定義：

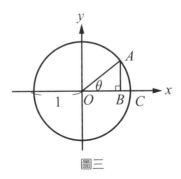

圖三

AC 弧長 $=\theta$，而 $\sin\theta = AB$，$\dfrac{AB}{AC}$ 接近於 1，要知道 $\lim\limits_{\theta\to 0}\dfrac{\sin\theta}{\theta}=1$ 是微積分中一個非常基本的定理。

　　我告訴實習老師，如果再看表下去：

$$\sin 1° = 0.0175$$
$$2° = 0.0349$$
$$3° = 0.0523$$
$$4° = 0.0698$$
$$5° = 0.0872$$

這五個值基本上是成倍數的關係，這是因為在一個局部的情形，函數圖形接近一直線。但是往後看

$$\sin 11° = 0.1908$$
$$12° = 0.2079$$
$$13° = 0.2250$$
$$14° = 0.2419$$
$$15° = 0.2588$$

每一度之間增加的輻度分別是 0.0171, 0.0171, 0.0169, 0.0169，比 1° 到 5° 之間的 0.0174, 0.0174, 0.0175, 0.0174 小一點，這表示圖形並沒有一直以斜率 1 往上衝，而是斜率會略降，因此函數圖形向下彎。

　　所以，教三角一定要讓學生讀三角函數表，而不是抽象的耍三角恆等式。三角函數表才真正的反映三角函數的性質與可能的應用。

　　那麼，三角函數表又從哪裏來的？問題問得好，最早的三角函數表來自托勒密（西元 100 年?），他是一位集大成的希臘數學／天文家。至於他為什麼要定表，主要是為了天文測量。天文測量的目的是

確定恆星相關的位置及行星、太陽在天球上的軌跡。由於我們從地球觀天，極目所見，只有角度，沒有距離，因此諸星的定位可以想成是在一個單位球面（天球）上確定諸星的經緯度，這個工作超越了原先歐幾里得整理的平面幾何。

平面幾何，再怎麼說，計算工具不夠強大，距離立體幾何又很遙遠，充其量只能處理特別角度的三角形。一旦面對任意角度的三角形，例如 $50°-60°-70°$ 的三角形三邊長的比例關係，平面幾何立刻投降，但是三角會告訴你三邊長的比是 $\sin 50° : \sin 60° : \sin 70°$。

你也許會說 $30°-60°-90°$ 的邊長比關係 $1 : \sqrt{3} : 2$ 多麼清爽，而 $\sin 50° : \sin 60° : \sin 70°$ 多麼難看。這個問題也很有意思，請問，$\sqrt{3}$ 到底等於多少？它真的很清爽嗎？今天，即使只用 Google，Key 進去 $\sin 50°$，立刻得到 0.76604444311，Key 進去 $\sqrt{3}$，得到 1.73205080757，到底哪個比較清爽？

關鍵是，三角能處理的局面遠大於平面幾何，平面幾何，作為三角學的基礎當然是要緊的，但是真正面對應用世界的，是三角而不是平面幾何。

16

釣魚臺到基隆的距離

2012 年 9 月日本政府宣佈將釣魚臺中的幾個大島收歸國有之後，引發的爭議不斷。我藉著這個機會在課堂上出了一個習題：

已知基隆在北緯 25.13°，東經 121.74°

釣魚臺在北緯 25.74°，東經 123.48°

求基隆到釣魚臺的距離。

在這個問題中，我們假設地球是一個完美的球體，赤道長 40000 公里，半徑為 $\dfrac{40000}{2 \times 3.14} \doteqdot 6370$ 公里。在地表任取兩點（例如基隆和釣魚臺），與球心形成一個平面，此一平面和地表交出一個所謂的「大圓」，在大圓上量兩點之間的弧長，就是兩點之間的距離，如圖一：

圖一

球面上 A、B 兩點和球心 O 決定一個大圓，大圓的圓心就是球心，大圓的半徑是 6370 公里，任一個大圓的周長都是 40000 公里，和赤道等長。這個問題，在高二學了坐標幾何之後變得非常容易，基本上只要求出 $\overrightarrow{OA}$ 和 $\overrightarrow{OB}$ 兩個向量之間的夾角，就水到渠成。

我們暫時假設地球的半徑為 1，A 點的經度是 ϕ，緯度是 θ，如圖二：

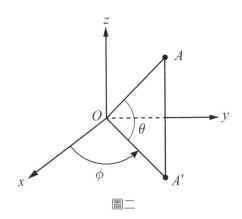

圖二

O 點即球心，$\overrightarrow{OX}$ 代表 $\phi = 0°$ 的向量，$\overrightarrow{OY}$ 代表 $\phi = 90°$ 的向量，A' 是 A 到 x-y 平面（即赤道面）的投影，$\overrightarrow{OA'}$ 和 $\overrightarrow{OX}$ 的夾角即經度，$\overrightarrow{OA}$ 與 $\overrightarrow{OA'}$ 的夾角即緯度。

為了說明方便，假設 ϕ 小於 90°，如圖二，由於 $\overrightarrow{OA} = 1$，所以 A 點的 z 坐標是 $\sin\theta$，又因為 $\overrightarrow{OA'} = \cos\theta$，$A$ 點的 x 坐標和 y 坐標分別是 $\cos\theta\cos\phi$ 和 $\cos\theta\sin\phi$，因此 $\overrightarrow{OA}$ 向量是 $(\cos\theta\cos\phi, \cos\theta\sin\phi, \sin\theta)$。

一旦能夠算出 $\overrightarrow{OA}$ 和 $\overrightarrow{OB}$ 的坐標，就可利用兩者的內積來計算夾角的餘弦。

在實算的時候，經度的起算點不一定要在格林威治，所以我們不妨把兩點的經度各扣 $100°$，

基隆：$(\cos 25.13° \cos 21.74°,\ \cos 25.13° \sin 21.74°,\ \sin 25.13°)$

釣魚臺：$(\cos 25.74° \cos 23.48°,\ \cos 25.74° \sin 23.48°,\ \sin 25.74°)$

然後 Google：

$(\cos(25.13\,\mathrm{deg}) * \cos(21.74\,\mathrm{deg}) * \cos(25.74\,\mathrm{deg}) * \cos(23.48\,\mathrm{deg}))$

$+(\cos(25.13\,\mathrm{deg}) * \sin(21.74\,\mathrm{deg}) * \cos(25.74\,\mathrm{deg}) * \sin(23.48\,\mathrm{deg}))$

$+(\sin(25.13\,\mathrm{deg}) * \sin(25.74\,\mathrm{deg}))$

得到 0.999567298，

再 Google：

$(\arccos(0.999567298)) * 20000 / 3.1416$

得到 187.285527 公里。

式中 arc cos 一般記為 $\cos^{-1}$，是 cos 的反函數，arc cos($\cdots$) 得到的是球心到基隆和球心到釣魚臺之間的夾角，Google 取的是弧度量，所以再乘上地球半徑 20000 / 3.1416 就得到基隆到釣魚臺之間大圓的弧長，大約是 187 公里，比起基隆到福州的距離 260 公里要近得多。

在這裏，我們還可以看到三角函數所起的作用，就是通過它們可以把一個角度的訊息（例如經、緯度）「翻譯」成單位向量（例如 $(\cos\theta\cos\phi,\ \cos\theta\sin\phi,\ \sin\theta)$），然後就可以利用坐標（向量）幾何來解題。以此思之，天體在天球上的運動只能以角度觀測，例如太陽的仰角及方位角，將天體的觀測角度透過三角轉化成向量，實際上就是幾千年來唯一的一套計算方法。可以這麼說，先是有平面幾何，建立了幾何的直觀和推理基礎，然後是三角，建立了通往坐標幾何的橋樑，如果不學三角就直接進入坐標幾何，豈不是拆橋過河嗎？

17

為什麼要學廣義角?

　　廣義角顯然不是一般談論的角。以三角與幾何的關係來說,所涉及的角全都介於 0° 到 180° 之間,即使是 180°,也算不上是一個角(180° 稱為平角,可見已經沒有角的特質),更遑論 −30° 或是 370° 這種角。

　　廣義角的概念其實是來自物理而非幾何。以單位圓上的等速圓周運動為例,當 $t = 0$ 時,質點從 (1, 0) 的位置出發繞圓心 (0, 0) 逆時鐘旋轉。假設速率為 1/秒,則在 t 秒時到達 $(\cos t, \sin t)$ 的位置,式中 t 代表 t 弧度,也代表 t 秒,如圖一:

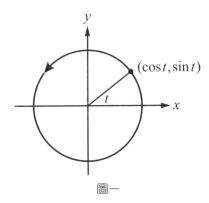

圖一

當 $t = 2\pi$ 時，剛好繞了一圈回到 $(1, 0)$。如果時間繼續，質點就會重複旋轉，因此 t 雖然超過了 2π，質點仍然有其位置 $(\cos t, \sin t)$。所以任何實數 t 都可以作為 cos、sin 的自變數，當然也包含 $t < 0$ 的情形。類似的狀況還有波函數，$y = a \sin t$，t 代表時間，a 代表振幅，時間 t 可正可負，可大可小，並不具角度的意義。但是因為週期函數的關係，必須是 sin 或是 cos 函數，所以將其自變數 t 稱為廣義角。

再舉一個聲波的例子來說明週期運動，此例來自 Morris Kline 所著 Mathematics: A Cultural Approach (1962 Addison-Wesley)，第 521 頁。鋼琴的中央 C 的聲波是由下面這個週期函數代表：

$$y = \sin 2\pi \cdot 512t + 0.2 \sin 2\pi \cdot 1024t$$
$$+ 0.25 \sin 2\pi \cdot 1536t + 0.1 \sin 2\pi \cdot 2048t$$
$$+ 0.1 \sin 2\pi \cdot 2560t$$

式中 t 的單位是秒。以第一個波 $\sin 2\pi \cdot 512t$ 而論，它代表一個每秒振動 512 次的聲波，或是每 $1/512$ 秒就完成一次完整振動的聲波。sin 函數前的係數代表振幅，描述空氣分子以靜止位置為中心前後運動的距離。上面這個週期函數 y 由五個週期波組成，各波前面所帶的係數代表各波振幅大小的比率，並定主要波 $\sin 2\pi \cdot 512t$ 的振幅強度為 1。注意到這五個波的頻率均為主波頻率 512 的倍數，因此 y 函數的週期是 $1/512$ 秒。

可以這麼說，y 函數的形式是三角函數 sin，但是自變數並不是角度而是時間，因此時間就是此處所謂的廣義角。

篇三

極限與微積分篇

$$\underline{\hspace{2cm}}\,18\,\underline{\hspace{2cm}}$$

有關算幾不等式的簡單證明

算幾不等式是高中數學最重要的一個不等式，它的內容是說：n 個正數，a_1, a_2, $\cdots$, a_n 的算術平均大於或等於它們的幾何平均 $(a_1 a_2 \cdots a_n)^{\frac{1}{n}}$。

在教學現場要對學生證明這個定理時，老師們通常會覺得困擾，因為教科書提供的證明冗長而又難懂。

算幾不等式的原型應該是 $n = 2$，亦即只有兩個變數的情形；在只有 a_1、a_2 的情形下，要證明 $\dfrac{a_1 + a_2}{2} \geq \sqrt{a_1 a_2}$ 非常容易，並且在直觀上這個定理就是：

「周長一定，長方形的面積在長寬相等時最大。」

或者更進一步看出來：

「周長一定，如果長與寬互相靠近，則長方形的面積會越來越大。」

換句話說，周長一定時，越「胖」的長方形面積越大，而以正方形為最大。在不等式 $\dfrac{a_1 + a_2}{2} \geq \sqrt{a_1 a_2}$ 中，a_1 看成長，a_2 看成寬，令 $a_1 + a_2 = 2\mu$，相關長方形的面積是 $a_1 a_2$，以 μ 為邊長的正方形面積是 μ^2，則

$$a_1 a_2 \leq \mu^2$$

相當於 $\sqrt{a_1 a_2} \leq \mu = \dfrac{a_1 + a_2}{2}$。

　　我們基於 $n=2$ 對上述定理的理解，發展一個有關算幾不等式的簡單證明，提供大家參考。

我們要證明：

n 個正數，$a_1, a_2, \cdots, a_n$ 的算術平均大於或等於它們的幾何平均 $(a_1 a_2 \cdots a_n)^{\frac{1}{n}}$，並且等號成立的充要條件是 $a_1 = a_2 = \cdots = a_n$。

證 假設 $\mu = \dfrac{a_1 + \cdots + a_n}{n}$，又設其中至少有一數 $a_1 > \mu$，另一數 $a_2 < \mu$，比方 $a_1 = \mu + \delta$，$a_2 = \mu - \varepsilon$，$\delta \geq \varepsilon > 0$，如圖一：

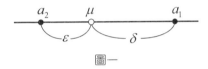

圖一

將 a_1，a_2 分別代以 $a_1 - \varepsilon$，$a_2 + \varepsilon \ (= \mu)$，$a_3 \cdots$ 不變，則算術平均仍然是 μ，但是在幾何平均中的 $a_1 a_2$ 被 $(a_1 - \varepsilon)(a_2 + \varepsilon)$ 代替，後者等於

$$
\begin{aligned}
& a_1 a_2 + \varepsilon a_1 - \varepsilon a_2 - \varepsilon^2 \\
&= a_1 a_2 + \varepsilon(a_1 - a_2 - \varepsilon) \\
&= a_1 a_2 + \varepsilon \delta \\
&> a_1 a_2
\end{aligned}
$$

所以代換之後，μ 不變，有一數 a_2 變成 μ，另一數 a_1 向 μ 靠近，而幾何平均變大。如此繼續，直到每個數都變成 μ，此時 μ 恰好等於（變大了的）幾何平均 $(= \mu)$，由此得證。

19

算幾不等式的虛應用

在高中要學算幾不等式，但是學了以後，真正有道理的應用卻是寥寥無幾，並且這些應用大部分都可以用微積分簡要回答。

以下舉幾個高中課本常見的例子，這些例子如果硬要用算幾不等式解決，我稱之為虛應用，利用微積分解題稱為實應用。

$\boxed{\text{虛應用 1}}$ 設 x、y 為正數並滿足 $x + y = 12$，求 xy^2 的最大值。

$\boxed{\text{解}}$ 為了能夠套上算幾不等式，將 xy^2 想成 xyy，並且將

$x + y = 12$ 想成 $x + \dfrac{y}{2} + \dfrac{y}{2} = 12$，使用算幾不等式，

$$12 = x + \frac{y}{2} + \frac{y}{2} \geq 3\sqrt[3]{x \cdot \frac{y}{2} \cdot \frac{y}{2}} = 3 \cdot 4^{-\frac{1}{3}} (xy^2)^{\frac{1}{3}}$$

所以 $(xy^2)^{\frac{1}{3}}$ 的最大值是 $\dfrac{12}{3 \cdot 4^{-\frac{1}{3}}} = 4^{\frac{4}{3}}$，而 xy^2 的最大值

是 $(4^{\frac{4}{3}})^3 = 4^4 = 256$，此時 $x = \dfrac{y}{2} = \dfrac{y}{2} = 4$，亦即 $x = 4$，$y = 8$。

$\boxed{\text{實應用}}$ $x + y = 12$，代表 $x = 12 - y$，代入 xy^2，$xy^2 = (12-y)y^2 = 12$ $y^2 - y^3$，對 y 微分得到 $24y - 3y^2$，令其為 0，$24y - 3y^2 = 0$ 解 y 得 $(y > 0)$，$24 - 3y = 0$，$y = 8$，由於 $x + y = 12$，所以 $0 < y < 12$，因此解得 $y = 8$ 合乎範圍。

再將 $y = 8$ 代入求 xy^2 的最大值：$xy^2 = (12-y)y^2 = y^2(12-y)$ $= 8 \times 8 \times 4 = 256$。

$\boxed{\text{虛應用 2}}$ 設 $x > 0$，求 $f(x) = x + \dfrac{1}{x}$ 的最小值。

$\boxed{\text{解}}$ 利用算幾不等式，$x + \dfrac{1}{x} \geq 2\sqrt{x \cdot \dfrac{1}{x}} = 2 \cdot 1 = 2$，注意到當 $x = 1$

時，$x + \dfrac{1}{x} = 2$，所以 2 是函數 $f(x) = x + \dfrac{1}{x}$ 的最小值。

$\boxed{\text{實應用}}$ 求 $f(x) = x + \dfrac{1}{x}$ 的微分，得 $f'(x) = 1 - \dfrac{1}{x^2}$，令其為 0，解出

$(x > 0$ 時$)$ $x = 1$，因此最小值發生在 $x = 1$ 時，$f(1) = 1 + \dfrac{1}{1} = 2$。

$\boxed{\text{虛應用 3}}$ $-\dfrac{\pi}{2} < x < \dfrac{\pi}{2}$ 求 $f(x) = \cos x + \dfrac{4}{\cos x}$ 的最小值。

$\boxed{\text{解}}$ 當 $-\dfrac{\pi}{2} < x < \dfrac{\pi}{2}$ 時，$1 \geq \cos x > 0$，利用算幾不等式

$$\cos x + \dfrac{4}{\cos x} \geq 2\sqrt{\cos x \cdot \dfrac{4}{\cos x}} = 2 \cdot 2 = 4$$

此時，若左右相等，根據算幾不等式，必須 $\cos x = \dfrac{4}{\cos x}$，

或 $\cos^2 x = 4$，此為不可能。所以最小值不是 4，利用算幾不

等式解題失敗。

$\boxed{\text{實應用}}$ 令 $y = \cos x$, $1 \geq y > 0$, $\cos x + \dfrac{4}{\cos x} = y + \dfrac{4}{y}$。

將 $y + \dfrac{4}{y}$ 對 y 微分得 $1 - \dfrac{4}{y^2}$，在 $1 \geq y > 0$ 時，函數的微分恆

負，函數圖形如圖一，向右遞減。

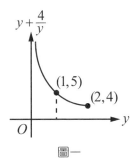

圖一

因此最小值發生在 $y = 1$，最小值是 5，但是因為 $y = \cos x$，此時 $x = 0$。

縱觀全局 $(y > 0)$，$y + \dfrac{4}{y}$ 的最小值其實發生在 $y = 2$，最小值是 4。

上面這三個問題，如果從微分的觀點，就只是分析在特定範圍上，函數圖形的遞增或遞減。

至於算幾不等式到底有沒有重要的應用呢? 下面舉一個例子:

$$(1 + \frac{1}{n})^n < (1 + \frac{1}{n+1})^{n+1}$$

這個不等式有一個本質上的意義，就是如果年利率是 $1 = 100\%$，然後把 1 年分成 n 期，每期利率用 $\dfrac{1}{n}$，並且逐期複利，則 $(1 + \frac{1}{n})^n$ 就是年底本金的倍數。不等式是說，複利的期數越多，本利和也越多。我們利用算幾不等式來證明。

取 $n + 1$ 個序列，$a_1 = 1 + \dfrac{1}{n} = a_2 = a_3 = \cdots = a_n$, $a_{n+1} = 1$，使用算幾不等式:

$$\frac{a_1 + a_2 + \cdots + a_n + 1}{n+1} \geq (a_1 a_2 \cdots a_n \cdot 1)^{\frac{1}{n+1}}$$

$$a_1 + a_2 + \cdots + a_n + 1 = n \cdot (1 + \frac{1}{n}) + 1 = n + 2$$

所以上式相當於

$$\frac{n+2}{n+1} \geq (1 + \frac{1}{n})^{\frac{n}{n+1}}$$

$$\text{或} \quad (1 + \frac{1}{n+1})^{n+1} \geq (1 + \frac{1}{n})^n$$

但是由於 $a_1 = a_2 = \cdots = a_n > 1$，所以左邊確大於右邊。

$$(1 + \frac{1}{n+1})^{n+1} > (1 + \frac{1}{n})^n$$

在微積分，這個不等式有一個重要的意義，亦即 $(1 + \frac{1}{n})^n$ 隨 n 遞增，並且因為

$$\begin{aligned}
(1 + \frac{1}{n})^n &= 1 + 1 + C_2^n \cdot \frac{1}{n^2} + C_3^n \cdot \frac{1}{n^3} + \cdots \\
&< 1 + 1 + \frac{1}{2} + \frac{1}{3!} + \frac{1}{4!} + \cdots \\
&< 1 + 1 + \frac{1}{2} + \frac{1}{4} + \frac{1}{8} + \cdots \\
&= 3
\end{aligned}$$

因此，當 n 趨近無窮大，$(1 + \frac{1}{n})^n$ 會趨近一個定值，稱之為 e（紀念大數學家 Euler），而 e 就是 $1 + 1 + \frac{1}{2} + \frac{1}{3!} + \frac{1}{4!} + \cdots$。$e$ 在微積分中的地位，猶如 π 在幾何中的地位，Euler 同時還發現了一個非常有趣的公式：

$$e^{i\pi} = -1$$

有人說這個公式聯繫了四個自然的常數，e、π、i 及 -1。

—— 20 ——
高中生為什麼要學微積分?

高中生為什麼要學微積分? 這個問題至少有兩個答案:
第一是微積分的發明在數學及相關問題上的突破, 值得高中生學習。
第二是微積分的方法對高中階段能夠解決的問題有所幫助。

我們將從這兩個角度論述, 當然, 任何一個學科都有值得學習的理由, 以現階段高中生的程度學習微積分是否有困難? 關於這個問題, 我們會在本文的末段討論。

一、微積分的起源

微積分的發明源自四大問題:
(1)嘗試了解非等速運動。
(2)研究曲線的切 (法) 線。
(3)求函數的極值。
(4)求曲線 (面) 圍出的面 (體) 積, 和曲線的弧長。

本節將以(1)所言運動學的部分略加說明微積分的起源與成就。研究運動者早先對速度的理解, 簡單的說, 是平均速度, 即以行經的距離除以經過的時間。當時間從 t_1 到 t_2, 且質點在直線上的位置從 s_1 改變到 s_2 時, 平均速度就是 $\dfrac{s_2 - s_1}{t_2 - t_1}$。但是由於在這段時間內, 質點的位置可能既前進又後退 (最極端的情形是 $s_2 = s_1$, 平均速度 $= \dfrac{s_2 - s_1}{t_2 - t_1} = 0$),

因此嘗試儘量縮小 $t_2 - t_1$ 來計算平均速度應該是比較精準的作法。但是一再縮小 $t_2 - t_1$，不免得考慮 $t_2 - t_1 = 0$ 的情形，此時 $s_2 - s_1$ 當然也等於 0，於是平均速度的公式就變成了 $\dfrac{0}{0}$，這是一個無意義的表示。

現在，我們知道速度的正確表示應該是 $\lim\limits_{t_2 \to t_1} \dfrac{s_2 - s_1}{t_2 - t_1}$，但是由於在極限的語言尚未精確發展，並且也還沒有 lim 這類記號的時候，速度的概念是用一種近似的說法，就是 $\Delta s = s_2 - s_1$ 和 $\Delta t = t_2 - t_1$ 之比，但是 Δt 可以儘量的小，越小就越精確。

牛頓是第一個理解並能精準使用這種極限概念的數學／物理學家，他在鉅作「自然哲學的數學原理」中的命題 6 定理 5（中文版第 64 頁）已經使用了 $x(t) = x(0) + v(0)t + \dfrac{1}{2}A(0)t^2 + (t^3 \text{ 項})$，式中 $x(t) - x(0)$ 是位移向量，v 是速度向量，A 是加速度向量。事實上，他使用的是 $A(0) = \dfrac{2(x(t) - x(0)) - 2v(0)t}{t^2}$——當 t 甚小時 $A(0)$ 的近似表示，並且成功的從克卜勒的行星律導出 A 是平方反比，亦即萬有引力定律。

雖然牛頓在從克卜勒的行星律得出萬有引力定律的過程中只用了微分的方法——位置對時間的微分是速度，速度對時間的微分是加速度——但是牛頓充分的理解積分和微分的可逆關係，此即微積分基本定理。

早先，伽利略得到自由落體的位置一時間關係：$s \propto t^2$，即位置與經歷時間的平方成正比，用現在的式子表達就是 $s(t) = \dfrac{1}{2}gt^2$。如果將 $s(t)$ 對 t 微分，得到 $v(t) = gt$，或者反過來說，當 $v(t)$ 與經歷的時間 t 成正比的時候，$v(t) = gt$ 的函數圖形下所覆蓋的面積剛好就是 $\dfrac{1}{2}gt^2$（三角形面積公式）。

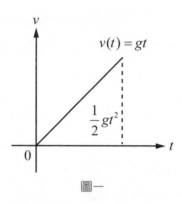

圖一

　　從基本的物理知道無論 v 對 t 的關係如何，從時刻 t_1 到 t_2，$v(t)$ 函數圖形所覆蓋的面積都是 $s(t_2) - s(t_1)$，即 t_1 到 t_2 的位移。

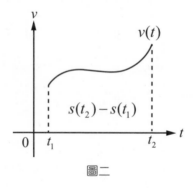

圖二

　　即使 $v(t) < 0$，這樣的解釋也是對的。由於 $\dfrac{ds}{dt} = v$，而 v 之下覆蓋的面積是 $s(t_2) - s(t_1)$，加之 s 又是 v 的反導數，上述的結論就是微積分基本定理。

　　可以這麼說，牛頓所發現的微積分基本定理不僅統合了求切線（微分）和求面積（積分）這兩個看似無關的問題，更進一步，從運動學的角度來看，微分是從位置得到速度的過程，因此反微分當然是從速

度得回位置的過程，但是如果我們使用 $v-t$（速度－時間）的函數圖形，v 下所覆蓋的面積就變成了 s（位置），因此反微分就成了求面積的過程。

讀者試想，如果不是先已發明了在坐標平面上畫函數圖形，又將面積的概念聯繫到 v 與 s 的關係，微積分基本定理可能不是那麼明顯，在此不免令人讚嘆以幾何（如面積）來表達物理概念（v 下覆蓋的面積是位移）經常能撥雲見日。

總之，微積分的發明對解決問題確有幫助，微積分的思想——從微量的變動和微量的加總切入問題——拓展了我們的視野，使數學方法得以面對新的挑戰。

二、微積分與傳統高中數學的關聯

許多高中要解的問題或者本質上屬於微積分的思想，或者因為微積分的方法而有大的突破。以下試舉數例來說明：

1. 拋物線及圓錐曲線的切線問題

現行求切線的方法，基本上是令一條直線與曲線相交時有重根，列下判別式為 0，然後解未知數（如斜率，或切點）。解的過程繁複而瑣碎。

2. 函數 $f(x, y) = ax + by$ 在圓域上的極值問題和類似的線性規畫問題，都是將 $ax + by = c$ 令 c 變動至脫離可行解區域，本是微積分變動思維下的解法。

3. 利用微分，完全可以了解一個實係數三次多項式的圖形和實根的個數。

4. 對一個多項式在 $[a, b]$ 上的根的個數，完整的處理要靠 Sturm 定理，單用勘根或是賈憲法是不夠的。關於 Sturm 定理請參考臺大數學系網站／微積分經典問題。

5. 牛頓法求多項式的根的近似值是解多項式實根最具體的方法，可以回答例如 $x^3 + x - 1 = 0$ 的根介於 0.68 和 0.69 之間，不必訴諸卡丹解法。

6. 多項式 $f(x)$ 的重根恰是 $f(x)$ 和 $f'(x)$ 的公根，這顯然不是單憑代數方法就能得出的結果。

7. 與物理有關的積分問題，例如脫離地心引力所需的作功。

　　總的來說，如果沒有微積分，高中能解的方法只是代數（加減乘除開根號），並佐以幾何的思維。能夠處理的函數基本上止於二次多項式和一些三角、指對數的恆等關係，而這些關係基本上仍然是代數的。一旦牽涉到極值或不等式或三次以上函數的問題，代數方法顯然不夠用。不但如此，即使是處理二次的情形，微積分的方法也值得參考，例如對 $y = ax^2 + bx + c$ 的函數圖形的完整分析等等。底下再舉一例說明如何藉由分析函數圖形和微積分的方法來解題。

問題 求證在 $-1 \le x \le 1$ 的區域上，函數 $|x^3 + ax^2 + bx + c|$ 的最大值大於或等於 $\frac{1}{4}$。

證 令 $f(x) = x^3 + ax^2 + bx + c = (x^3 + bx) + (ax^2 + c)$，我們先看簡單的情形： $x^3 + bx$，其函數圖形與原點對稱。

(1) $b \ge 0$，因為 $x^3 + bx$ 的導函數是 $3x^2 + b$，所以 $x^3 + bx$ 在 $[-1, 1]$ 上遞增，因此最小值 m 發生在 $x = -1$，此時 $m = -1 - b$

最大值 M 發生在 $x = 1$，此時 $M = 1 + b$

$$\Rightarrow M - m = (1 + b) - (-1 - b) = 2 + 2b \ge \frac{1}{2}$$

(2) $b < 0$，令 $b = -\ell, \ell > 0$

$(x^3 - \ell x)' = 3x^2 - \ell$，令 $3x^2 - \ell = 0$ 得 $x = \pm\sqrt{\frac{\ell}{3}}$

當 $x = 1$ 時 $x^3 - \ell x = 1 - \ell$

　　$x = -1$ 時 $x^3 - \ell x = -1 + \ell$

兩者之差為 $|2 - 2\ell|$

如果 $-\dfrac{1}{2} \le 2 - 2\ell \le \dfrac{1}{2}$，這表示 $\dfrac{3}{4} \le \ell \le \dfrac{5}{4}$，因此 $\sqrt{\dfrac{\ell}{3}} < 1$

此時，若 $x = \sqrt{\dfrac{\ell}{3}}$，$x^3 - \ell x = -\dfrac{2}{3}\ell\sqrt{\dfrac{\ell}{3}}$

$$x = -\sqrt{\dfrac{\ell}{3}},\ x^3 - \ell x = \dfrac{2}{3}\ell\sqrt{\dfrac{\ell}{3}}$$

兩者之差為 $\dfrac{4}{3}\ell\sqrt{\dfrac{\ell}{3}} \ge \dfrac{1}{2}$

由(1), (2)可知，可以找到兩點 $-z$ 與 z, $-1 \le -z < z \le 1$，使得 $x^3 + bx$ 在此對稱兩點之差 $\ge \dfrac{1}{2}$。由此，若各自再加上 $az^2 + c$，在此兩點之差仍然 $\ge \dfrac{1}{2}$，問題得證。

　　在找出 $-z$ 與 z 的過程中，對 $y = x^3 + bx$ 函數圖形的分析是關鍵，此時，最有效的工具是微積分。

　　讀者可能辯論: 本題超過高中程度。這是當然，不過，高中不是經常充斥著超過高中程度的題目嗎? 此處呈現的事實是，如果懂點微積分，剛才談到的這個題目反而令人眼睛一亮，變成一個有想法、有方法的經典題目了。

三、高中生學微積分的困難

　　微積分的學習由於涉及極限，所以對初學者而言，思考的過程比過去多了一步「求極限」。例如，從

$$\dfrac{\Delta y}{\Delta x} \text{ 到 } \dfrac{dy}{dx}\ (\Delta x \to 0)$$

以及從

$$\sum_{i=1}^{n} f(x_i)\Delta x \text{ 到 } \int_{a}^{b} f(x)\ dx\ (\Delta x \to 0,\ n \to \infty)$$

因此非常明顯，在學習微分的時候，必須先熟悉符號 $\dfrac{\Delta y}{\Delta x}$，在學習積分的時候，必須先熟悉符號 $\sum f(x_i)\Delta x$ 以及符號所代表的意義。

　　雖然如此，在多項式的情形，$\dfrac{\Delta y}{\Delta x}$ 的極限遠比 $\sum f(x_i)\Delta x$ 的極限容易計算。前者透過二項式定理得到 x^n 的導函數是 nx^{n-1}，而後者需要處理 $1^k + 2^k + \cdots + n^k$ 的求和公式，難度大大增加。求和公式的難度可以從利用

$$1^2 + 2^2 + \cdots + n^2 = \frac{n(n+1)(2n+1)}{6}$$

$$\text{和}\quad 1^3 + 2^3 + \cdots + n^3 = (1 + 2 + \cdots + n)^2$$

分別求 x^2 和 x^3 的積分看出。

　　因此學積分一定要學習微積分基本定理，此一定理的運動學理解已在本文第一段說明。對一般的函數 y 實際上是嘗試理解 $\dfrac{\Delta z}{\Delta x}$，如圖三：其中 z 代表函數 $y = f(x)$ 圖形與 x 軸之間的面積。

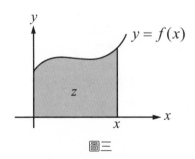

圖三

同時，在學習微積分基本定理的時候，不要忘了回去驗證

$$\int_0^T x \, dx = \frac{1}{2}T^2 \text{、} \int_0^T x^2 \, dx = \frac{1}{3}T^3 \text{ 和 } \int_0^T x^3 \, dx = \frac{1}{4}T^4 \text{。}$$

　　一般而言，利用微分來理解函數的圖形和求函數的極值，過程比學習積分要容易一些。積分由於牽涉到將求面積、體積轉化成黎曼和的形式，以便使用微積分基本定理，技術上比較困難。例如，以 $\int 2\pi r \, dr$ 求圓面積、以 $\int A\frac{y^2}{h^2} \, dy$ 求錐體體積……等等。

　　總之，學習任何一個新的主題，都不免有困難之處。多做一些好的習題，慢慢建立微積分核心的思想和方法，不但可以掌握高中所要求的「多項式」部分，正確的思考更可延伸到大學的學習。

四、結語

　　本文主要說明微積分和傳統的高中數學學習是相容的，並且在某些部分是超越的。回顧過去，在 73 年版的統編本，微積分的份量太多，因此不免揠苗助長。但是到了 88 年版的一綱多本，微積分的分量又太少，令人難窺堂奧。目前上手的 99 課綱，微積分的分量比較適中，而且以多項式函數為主體的設計，大大減少了許多求 $\frac{0}{0}$ 型極限的困難。

　　希望這樣的設計能夠至少引領自然組的同學在進入大學之前已經建立健全的微積分觀念，而將更複雜的函數（如指對數、三角函數）留到大一再行處理。目標是否達成，還有待教與學的共同努力。

原載《高中數學電子報》第 31 期

21

無窮級數與算術

　　古代希臘的大英雄阿基里斯在草原上看到一隻妖龜筆直的向前行。阿基里斯決定進行一個「追龜計畫」,如圖一:

圖一

　　假設阿基里斯的速度是龜速的 12 倍,當阿基里斯從 A 點出發時龜在 B 點,$\overline{AB} = 60$ 公尺。第一階段,阿基里斯到達 B 點,但是此時妖龜已經到達 C 點,如圖二,由於龜速是阿基里斯的十二分之一,所以 $\overline{BC} = 5$ 公尺。

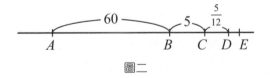

圖二

　　於是阿基里斯奮勇向前再到達 C 點,但是此時妖龜又到達了 D 點,$\overline{CD} = \dfrac{\overline{BC}}{12} = \dfrac{5}{12}$ 公尺。我們的大英雄阿基里斯繼續衝到 D 點,不過妖龜卻不慌不忙的來到 E 點,$\overline{DE} = \dfrac{\overline{CD}}{12} = \dfrac{5}{12 \times 12}$ 公尺,看來阿基

里斯永遠追不上妖龜。但是且慢，若是把每一階段大英雄走的距離加起來，就會得到追上妖龜需要跑的總距離，這個總距離是：

$$60 + \frac{60}{12} + \frac{60}{12 \times 12} + \frac{60}{12 \times 12 \times 12} + \cdots$$
$$= 60(1 + \frac{1}{12} + \frac{1}{12 \times 12} + \frac{1}{12 \times 12 \times 12} + \cdots)$$

　　括弧內是一個「無窮等比級數」，我們要問阿基里斯，如何把這個公比 $\frac{1}{12}$ 的無窮等比級數加起來？

　　下面是一個把 $1 + r + r^2 + r^3 + \cdots$ 加起來的辦法，式中 $0 < r < 1$。

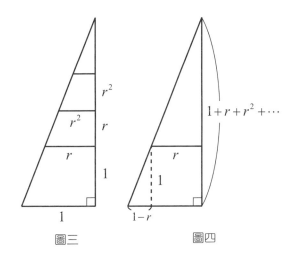

圖三　　　　　　圖四

　　從圖四中的相似三角形，可以看出 $1 + r + r^2 + r^3 + \cdots = \frac{1}{1-r}$，正是「無窮等比級數」的求和公式。所以阿基里斯總共走了 $60 \times \dfrac{1}{1 - \dfrac{1}{12}}$ $= 60 \times \dfrac{12}{11} = 65\dfrac{5}{11}$ 公尺，在距離 A 點 $65\dfrac{5}{11}$ 公尺處，追上妖龜。

上面這個追龜大業源自於小學算術的「時鐘問題」（圖五）：

12 點以後，長針和短針什麼時候再度重合？

圖五

　　這等於是說 12 點以後，長針（阿基里斯）出發去追短針（妖龜）。長針原本落後短針 60 格（分鐘），但是長針的速度是短針的 12 倍，所以只要經過 $65\frac{5}{11}$ 分鐘，也就是在 1 點 $5\frac{5}{11}$ 分時阿基里斯（長針）就會追上短針（妖龜）。然而，時鐘問題本來是一個算術問題，怎麼會弄出一個無窮等比級數來解題呢？

　　話說有一天，我和一位 10 歲的小朋友聊天，我問他上述的時鐘問題：「12 點以後，長針和短針什麼時候再度重合？」他看了看牆上的時鐘，回答我：「1 點」。我告訴他 1 點的時候，長針回到 12，不過短針呢？短針還停在 12 嗎？他說：「短針走到了 1」。很好，那麼長針還要繼續走一段嗎？那當然，不過，小朋友覺得有點困擾，他說長針走到 1 的時候，短針早已離開了 1，那麼，長針會追上短針嗎？一定會的，無論如何長針都比短針快啊！所以你應該把原本落後 60 格的長針用短針 12 倍的速度來追，也就是說在每一分鐘時，長針走了 1 格，

但是短針只能走 $\frac{1}{12}$ 格，所以長針只要花上 $\dfrac{60}{1-\dfrac{1}{12}} = 60 \times \dfrac{12}{11} = 65\dfrac{5}{11}$

分鐘就能追上短針了。

　　說完以後，輪到我煩惱了。既然這個問題牽涉到無窮等比級數，並且高中要學無窮等比級數，課本中為什麼沒有用無窮等比級數來解時鐘問題的例子呢？並且，課本中也沒有利用圖三、圖四證明的求和公式吧！圖三、圖四的證明方式英文稱作 "proof without words"，中文的意思是「不言可喻」，代表一種非敘述圖解式的證明。

　　至少，我應該再舉一個利用無窮級數的想法來解算術題的例子，比方說「父子年齡問題」：

　　爸爸今年 32 歲，兒子 6 歲，幾年以後，爸爸的年齡是兒子年齡的 2 倍？

　　爸爸年齡的二分之一是 16 歲，比兒子大 10 歲，所以 10 年以後，兒子到達 16 歲，但是爸爸也大了 10 歲，來到了 42 歲，42 歲的一半是 21 歲，比 16 歲的兒子大 5 歲，所以兒子要再長大 5 歲到達 21 歲，但是爸爸同時也變成了 47 歲，結論是兒子要經過

$$10 + 5 + \frac{5}{2} + \frac{5}{2 \times 2} + \cdots$$

這麼多歲才能「趕到」爸爸年齡的一半，也就是說要經過 $10(1 + \dfrac{1}{2} + \dfrac{1}{4} + \dfrac{1}{8} + \cdots) = 10 \times 2 = 20$ 年。20 年之後，兒子是 26 歲，爸爸是 52 歲，剛好是兒子年齡的兩倍。

　　看來，即使是小學算術，也暗藏不少玄機。

22

時鐘問題，小兵立大功！

在 1968 年臺灣九年國教實施之前，小學畢業生必須考過聯考才能進入初中。當時許多學校都實施「惡補」，大量的參考書應運而生，其中一本《圖解算術》最是有名。

《圖解算術》集結了一堆難題，比方說雞兔同籠或和差問題，有的可以用畫圖來幫助解題，不過大部分的題目即使對小學老師而言，也太超過，其實應該擺在初中的代數課程裏。這些難題中，讓當時還是小學生的我印象最深刻的是時鐘問題。時鐘問題主要是問在什麼時刻，長針和短針會重合。例如，12 點以後，第一次重合發生在幾點幾分？

我無師自通想了一個辦法，就是把長針看成是長腳哥哥，短針看成是短腿弟弟。兩人在 12 點出發，長腳每走一格（代表一分鐘），短腿只走 $\frac{1}{12}$ 格，因此長腳比短腿多走 $\frac{11}{12}$ 格。長腳若要追上短腿需要多走 60 格，因此需時 $60 \div (\frac{11}{12}) = 65\frac{5}{11}$ 分才能再度重合，重合的時刻是 1 點 $5\frac{5}{11}$ 分。

這個絕招可以解遍所有長短針重合的問題。當年，我甚至把家裏的鬧鐘帶到學校，用手動來驗證我的計算。老師也默許我上課做實驗，因為畢竟所有的答案都有 11 的分母，這在鐘面上是看不出來的。

事隔多年，有一天我翻閱《大美百科全書》，在「太陽系」這個條

目突然看到克卜勒如何利用前後兩次太陽、地球和火星三連星的間隔
780 天，來推算火星繞日週期是 686 天。

　　話說克卜勒相信哥白尼的日心說，一心想分析火星繞日的軌道。
但由於身居地球，要將地球上所見轉換到以太陽為中心的坐標系談何
容易。他從第谷留下的資料看出兩次三連星的間隔是 780 天，於是想
到可以用來計算火星繞日的週期。

　　這不就是一個倒裝的時鐘問題？我們不妨把繞太陽轉得較快的地
球想成長針，把轉得慢的火星想成短針。我們以圈為單位，地球每一
天轉 $\frac{1}{365}$ 圈，火星每一天轉 $\frac{1}{T}$ 圈，T 是火星繞日的週期。每一天，
地球比火星多走 $\frac{1}{365} - \frac{1}{T}$ 圈，因此兩次三連星的間隔天數 780 =
$\frac{1}{\left(\frac{1}{365} - \frac{1}{T}\right)}$。這是一個簡單的方程式，可以解出 T 約等於 686 天，與
現代所測接近。

　　克卜勒隨後將從地球所見的火星方向每隔 686 天做成一組加以
分析。由於前後間隔 686 天時，火星會出現在同一個位置，而地球卻
分居軌道上不同的兩點，因此會觀察到兩個不同的方向。再將這兩次
觀察得到的方向延伸出去，相交之點，就是火星的位置。《大美百科全
書》提到克卜勒曾經據此在紙上繪出數百個火星的位置，從而大膽猜
測火星繞日的軌道是橢圓，太陽位居一焦點。

　　類似的想法還可以應用在計算兩次月正中天的時間差。以臺北來
說明，月正中天代表地心、臺北和月亮處於「三連星」的狀態。從太
陽觀察，由於臺北繞地心一圈是 24 小時，所以每小時轉 $\frac{1}{24}$ 圈，月亮
繞地一圈是 29.53 天，換算成小時，每小時繞地 $\frac{1}{(24 \times 29.53)}$ 圈。因

此下一次三連星的時間差就是 $\dfrac{1}{(\dfrac{1}{24} - \dfrac{1}{24 \times 29.53})}$ 或 $24 \times \dfrac{29.53}{29.53 - 1}$ 小時。答案是 24.84 小時或是 24 小時 50 分。換句話說，每一天月正中天的時刻會推遲 50 分鐘。

看看 2010 年中央氣象局出版的天文日曆上怎麼說？氣象局所指的月正中天，是月亮在東經 120° 線正上方的時刻，它所預測的幾個時間為：1 月 4 日是 02:52、1 月 5 日是 03:44、1 月 6 日是 04:33、1 月 7 日是 05:21。每一天推遲的時間分別是 52 分、49 分、48 分，與前段計算的 50 分鐘大致吻合。

雖然上述的計算都預先做了等速圓周運動的假設，所得結論也只是大致準確，但只用簡單的想法就能貼近真實、對現象做出合理的分析。小學生不知為何而學的時鐘問題看似無用，然而因為在解題方法上的超越性，反而可以用來處理火星運動的週期和預測月正中天的時間。換句話說，時鐘是表，火星是裏，這種能夠「由表及裏」的數學，當然是好的數學。

原載《科學人》第 98 期

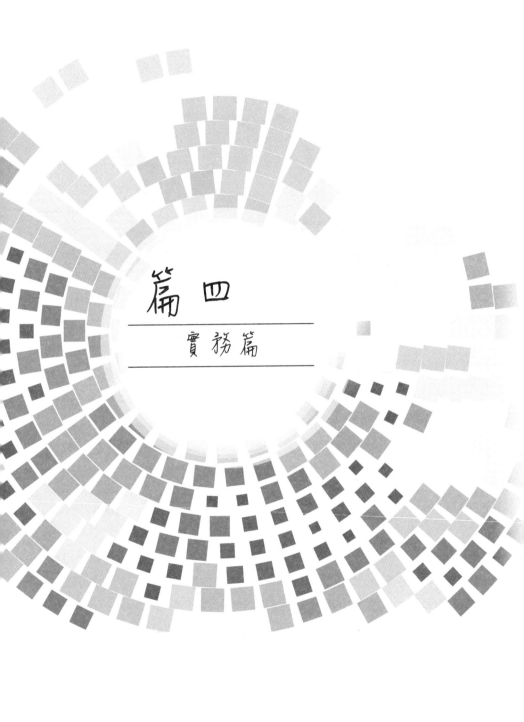

篇四

實務篇

23

連號的統一發票容易中獎?

統一發票的開獎活動在臺灣行之有年,是希望藉由民眾的中獎期望,要求商家開立發票以增加稅收。活動始於 1951 年,當年的稅收立刻比前一年增加 76%,正因為投資小報酬大,這個獎一開就開了近 60 年。

早先發票的開獎是根據愛國獎券的特獎號碼對獎,後來才改為獨立開獎。以民國 96 年 1、2 月來說,統一發票只開出四個號碼,分別是特獎 61737609 和三個頭獎 10439011、67032883、84391882,中獎機會比大樂透還小。

不過統一發票另外又設計了一組小獎,只要和頭獎的末三位數字符合,就可以得到新臺幣 200 元。當年 1、2 月的頭獎末三字分別為 011、883 和 882,因此任何一張發票對中小獎的機率是 $\frac{3}{1000}$。

小獎金額雖然不大,但因每連續 1000 張中一定有 3 張中獎,還是吸引許多民眾收集發票,其中不乏惡搞的例子。有一個傢伙是雜貨店的老闆,根據報載,這位仁兄給自己開了 1000 張連號、每張消費 1 元的發票,這總價 1000 元的虛擬消費讓老闆至少賺了 600 元的獎金。老闆這種行為是否觸犯法令,一般人並不清楚,倒是老闆給自己開足 1000 張連號發票,顯然對數學的機率有相當的了解。

話說在我家附近也有一家傳統小店,老闆姓查,人稱查老爹。我

常去老爹的店裏買晚報，有一天拿了晚報準備付錢，老爹看看四下無人，壓低了聲音對我說：「老弟，這樣吧，月底一次開 30 張連號的發票給你。」他鄭重解釋：「連號比較容易中獎。」在我過去對獎的經驗裏，總是因為差一、兩號而扼腕，甚至後悔當時幹嘛搶在別人前面結帳？經驗如此，但理智告訴我，連號與否和中獎無關。

我把想法告訴老爹，老爹擺擺手說：「老弟，你別多心，我這麼做只是想要幫助老主顧，絕對不會有法律問題，買一份 10 元的報紙開一張 10 元的發票是天經地義。至於你剛才說連號和中獎無關，如果是這樣的話，那幹嘛每一期大樂透都有公司行號來集資包牌？對統一發票而言，幾個朋友如果可以湊 1000 張連號的發票，那至少先保證了三個小獎，然後再來看看這 1000 張發票有沒有機會中大獎，這和大樂透包牌的意思是一樣的。」

照老爹所言，民國 96 年 1、2 月的三個小獎是 011、882 和 883，如果手上的發票是 1000 張連號，亦即末三位是從 000 到 999，當然會中三張。但是如果顧客要求把這 1000 張發票的末三位設定為在 500～999，每個號碼各兩張，這樣的話就會有兩張末三位為 882 和 883 的中獎發票，也就是中了四個小獎。

老爹說：「那只不過是因為開獎之中有 882 和 883，剛好落在 500 到 999 的範圍，如果顧客要求把這 1000 張發票末三位設定為從 000 到 499，每個號碼各兩張，那就慘了，因為只有 011 會中，也就是說只中兩個小獎。」

假設顧客可以仿大樂透任意指定這 1000 張發票的末三位，最極端的情形是要求每一張的末三位都指定為 011，那麼因為 1、2 月的開獎有 011，這位顧客就中了 1000 張；但如果開獎的結果沒有 011，就槓龜了。換句話說，這根本不是連號的問題，而是選擇的範圍是否剛

好涵蓋到之後開獎出來的號碼。有人中得多，如 1000 張；有人中得少，如連號的情形可以中 3 張；有人運氣壞，半張也不中。要點是，這所有可能中獎張數的平均一定是 3 張，代表單張中獎的機率是 $\frac{3}{1000}$。

結論是，要增加中獎率，無關連不連號，也不能靠指定號碼，而是要增加發票的張數。有些公益團體了解這點，所以在公共場所擺上箱子，懇請大家捐發票。如果有一天你看到查老爹連打 1000 張 1 元的發票，拿去投到公益基金會的發票收集箱，拜託千萬不要聲張，因為這表示老爹代表政府至少捐款 600 元，同時自付 5% 的營業稅 50 元。

原載《科學人》第 65 期

———— 24 ————
幾何先生 G 訪問撞球先生 B

G: 恭喜您獲得這一次九號球公開賽的冠軍。

B: 很僥倖，謝謝。

G: 最後一局您已經十比九領先，又是您的開球局，母球卻不小心洗袋。

B: 嗯，衝球洗袋只能說運氣不好。

G: 洗袋之後，對手做了一個吊球。

B: 這個吊球，由於母球和目標球之間隔了兩個球，所以我不想用剁桿，因為要讓母球一次跳過兩個球不是那麼有把握，但是接下來的顆星解球失敗，而被裁判加記了一次犯規。

G: 我注意到，在解球的時候，您多半使用剁桿。

B: 應該是吧，起碼對我來說，剁桿比較直接，不過顆星畢竟是基本功。

G: 我想請教，在利用顆星反彈母球的時候，您如何決定檯邊顆星的反彈點? 是考慮入射角等於反射角嗎?

B: 一定是這個原理，不過要以目視找到這一點，多半要靠經驗。

G: 我的了解是，您很少用球桿來幫忙點出這一點。

B: 早年剛開始打球的時候是會這麼做，經驗多了以後這一步就省了，您知道，比賽時出桿時間有限制，拿著桿子比來比去，觀眾也會覺得很遜。

G: 我想您一定了解，「肉眼觀察法」失誤的機會很大。

B: 的確，剛才提到的最後一局，我選的解球點略有誤差，結果母球反彈後，和目標球差了大約兩、三公分。

G: 您會不會覺得，人的眼睛估計長度的能力比估計角度要好？

B: 我倒沒想過。肉眼觀察自有不足之處，不過我也有一些輔助的方法，但要能看到反彈點，還是經驗。

G: 不錯，問題是如何傳承這個經驗？您是否有一些策略加上相應的步驟，讓初學者可以有一個程序逐步來找到反彈點？

B: 其實我們都知道（在紙上畫了下圖一）$w'p$ 和 $c'p$ 的比等於 ww' 和 cc' 的比，所以我們會告訴初學者要先看 ww' 和 cc' 的長短，如果 ww' 比 cc' 短，那麼解球點 p 就要靠近 w' 一點。

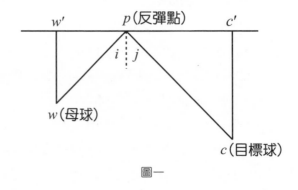

圖一

G: 您會向初學者解釋為什麼 $w'p$、ww' 和 $c'p$、cc' 成比例嗎？

B: 我記得是因為三角形 $ww'p$ 和 $cc'p$ 相似的緣故，相似的原因是入射角 i 等於反射角 j。不過我先要強調，從比的觀點來找 p 點，實作上很困難，因為光用目視我們沒有辦法知道 ww' 和 cc' 的比值，即使知道了，要根據這個比值取出 p 點，難度仍然很高。

G: 這也許就是您一再強調經驗的原因；既然比值關係是找到 p 點的不二法門，有沒有比較容易找的方法？

B: 這樣的方法當然有，比方說（又畫了下圖二）w' 和 c' 分別是 w 和
   c 的垂足，連 $w'c$ 和 wc'，這兩條直線的交點 q，q 到顆星邊的垂足
   就是解球點。這聽說是美國人柏恩 (Robert Byrne) 發明或首先記錄
   在他寫的撞球書中，我在解球時常常參考這個方法。

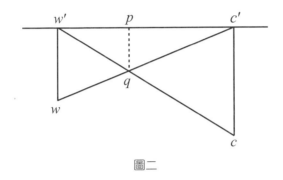

圖二

G: 讓我看看……柏恩的設計滿聰明的，顯然是利用圖中的相似形來確
   定 $w'p$、ww' 和 $c'p$、cc' 成比例。您有沒有注意到在這個測量的
   方法中，目視只處理點和直線，而不必去測角度。
B: 我倒是沒有想這麼多，任何方法對我們來說都只是參考而已。
G: 我與您有同感，畢竟撞球檯上變化萬千，事實上並不存在解球必勝
   法。請容我再請教您一個更麻煩的狀況，就是您如何進行兩顆星解
   球？
B: 老實說，我多半是靠感覺，並且經常失敗。
G: 您太客氣了，謝謝您接受我們的訪問。

25

理論與實務

　　我曾經組織一個小組籌畫拍攝國中數學教學的輔助教材。小組提出的拍攝方案中有一個是「體積」，在討論的時候，有人提到阿基米德 (287? B.C. – 212 B.C.) 為敘拉古 (Syracuse) 國王海爾翁二世 (Hieron II) 測皇冠體積的故事。由於這件事總是與阿基米德泡在浴缸中發現了測體積的方法連在一起，所以對於如何測定皇冠的體積，小組想要結合阿基米德洗澡的故事，因此先行討論阿基米德的辦法。

　　出人意料的是，大部分的委員認為應該先裝滿一桶水，然後把皇冠浸在水中，再將滿出來的水蒐集起來，倒在量杯裏測出體積，這些滿出來的水的體積就是皇冠的體積。

　　這個方法理論上正確，但是實務上不可行。因為首先，皇冠的體積雖然不會很大，但是在空間中有一定的延展，因此必須要用一個相當大的水桶，並且水桶中的水一定要裝得很滿，滿到像表面張力這樣。

　　好，當我們把皇冠慢慢的浸下去的時候，水從水桶的邊上相當均勻的滿出來，沿著水桶的外緣流下去，而由下面另一個容器承接起來，然後再將這個容器中的水倒在一個量杯裏，想想看在這個過程中會損失多少水，也就是說，量出來的體積一定比皇冠的體積小得多。

　　另一個問題是，如果阿基米德想出的辦法真是如此，那就不可能發展出阿基米德的浮力原理——物體在水中所受的浮力等於物體等體

積的水重。顯然，阿基米德洗澡的時候並不是領悟到排出多少水到浴缸外面，而是感受到當時身體所受的浮力，亦即身體浸入水中的部分越多，受到的浮力也越大。這樣說來，真正的方案應該是：

先以天平秤皇冠的重量，例如是 A 克，然後以繩子吊著皇冠讓皇冠慢慢浸入水中，但是不與桶底接觸，秤出重量是 B 克，則皇冠的體積就是 $(A - B)$ 立方公分。

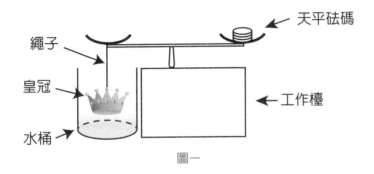

圖一

如圖一所示，將天平置於工作檯上，一端放砝碼，另一端用繩子讓皇冠完全浸入水中，但是不要觸及桶底，如此秤得的重量就是原來的重量扣掉浮力。接下來計算 $\dfrac{A}{A - B}$ 而得到皇冠的密度。如果這個密度小於純金的密度（19 克/立方公分），那就代表打造皇冠的時候摻了別的元素，例如銀或銅。銀和銅的密度分別是 10.5 及 9 克/立方公分，比金的密度小得多。此外，在秤水中皇冠重量的時候，如果要避免繩子重量的干擾，可以在天平的右邊放置一樣長的繩子。

體積之外，還有面積，小組提的方案是海龍公式。海龍是指西元前後活躍在埃及亞歷山卓一位希臘數學家 Heron，他同時也是工程師和測地師。海龍提出了一個利用三角形三邊長 a, b, c 求面積的公式：

$$面積 = \sqrt{s(s-a)(s-b)(s-c)}$$

式中 s 代表三角形的半周長 $s = \dfrac{a+b+c}{2}$。這個公式非常有名,是國中平面幾何必教的公式,因為用起來非常方便,意思是只要知道三個邊長,可以跳過求高的過程,一舉求得面積。附帶一提,把 Heron 音譯成海龍是臺灣的創舉,由於 Heron 的另一個拼法是 Hero,所以有的華文地區譯成希羅。

回到拍片,劇本中總要談些有關測量的背景,特別要藉此突顯海龍公式的優越性。劇本中有一個場景是測量人員要測一塊三角形區域的面積,他們本來要在地面上拉一條高出來,但是卻發現這條高會經過區域中的一塊水塘,於是海龍出現,指導他們用三邊的長直接求面積。

這個場景確實有趣,也有相當的啟發性,不過實情是,作為一個測地師,海龍並不建議用這個公式,因為當時大部分的測繪人員不會開平方。這些測繪人員是純粹的技術人員,通常能夠靠查表得到答案就很不錯。至於海龍本人,他不只懂嚴密的數學公式,也整理了許多便於計算的近似公式,畢竟純幾何和測地術是有區別的。並且在海龍那個時代,對測地的準確度不會要求太高,在這種不需太嚴謹的大環境之下,希臘人反而能發展出嚴謹的幾何,主要是因為嚴謹的目的是為了測天文,而不是測地理。

原載《科學人》第 130 期

26

為什麼不是圓?

1609 年，克卜勒出版《新天文學》，提出行星繞太陽運行的橢圓律：行星繞日的軌道是橢圓，太陽位居橢圓的一個焦點；以及面積律：行星與太陽的連線段在等長的時間內掃過等同的面積。1618 年，克卜勒又出版《世界的和諧》並提出週期律：行星繞太陽一周所需的時間 T 和行星軌道的半長軸 a，滿足 $\dfrac{a^3}{T^2}$ 為定值，與個別行星無關。

在克卜勒提出三大行星運動定律近 70 年之後，牛頓於 1687 年出版《自然哲學的數學原理》，詳細說明了如何以數學論證，從三大行星運動定律得出萬有引力定律。在牛頓徹底解答三大行星運動定律的物理意涵之前，許多人都好奇提問：「為什麼是橢圓?」或者說：「為什麼不是圓?」

如果是圓，前述的橢圓律就變成了：行星繞日的軌道是圓，太陽位居圓心。這個現象雖然與事實不符，但是不妨作為下文的出發點，看看能夠得出什麼結論。

不難看出，若行星繞日是圓周運動的情形，面積律等同於行星以等速率運動，因為唯有如此，才能在等長的時間內掃過等同的面積。等速圓周運動是平面運動中最完美的運動。在克卜勒發現橢圓律之前，許多人都相信，以地球為中心所觀察的行星運動是由若干個等速圓周運動疊加而成。因此，假設行星以等速圓周運動繞行太陽，並非大逆不道。

　　下面這兩個圖是了解等速圓周運動的關鍵：左圖表示圓周運動的半徑為 R，速度 v 和半徑垂直。右圖表示各位置的等速度也自成一半徑為 v 的圓，而加速度 a 又和 v 垂直，這表示加速度 a 指向圓心 O，因此是向心加速度。

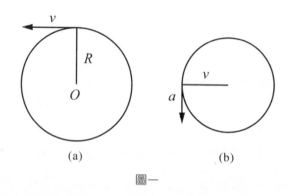

(a)　　　　　　　　(b)

圖一

　　由於位置的變化率是 v，而繞行一圈所需的時間是 T，因此在圖一-(a)中，有 $v = \dfrac{2\pi R}{T}$ ……(1)

　　又因為 R 在繞行一圈時，v 也繞行一圈，並且速度 v 的變化率是加速度 a，因此在圖一-(b)中，也有 $a = \dfrac{2\pi v}{T}$ ……(2)

　　將(1)、(2)兩式相比，得到 $\dfrac{v}{a} = \dfrac{R}{v}$ 或 $a = \dfrac{v^2}{R}$。這就是有名的等速圓周運動加速度公式，它基本上說明了 a 之於 v，猶如 v 之於 R；上圖中 R 與 v 所成的直角三角形，和 v 與 a 所成的直角三角形相似。

　　接著再將加速度公式連繫到週期律：$\dfrac{R^3}{T^2}$ 是常數；假設這個常數是 C，並且將 v 重寫成 $\dfrac{2\pi R}{T}$，代入 a 的表示式：

$$a = \frac{v^2}{R} = \frac{4\pi^2 R^2}{RT^2} = \frac{4\pi^2 R^3}{T^2 R^2} = \frac{4\pi^2 C}{R^2}$$

亦即向心加速度 a 和半徑 R 的平方成反比，反比常數是 $4\pi^2 C$，這就是向心力的平方反比意涵。

在克卜勒的時代，太陽系只有六大行星，因此上述公式中的 R 為六個半徑。若要從這六個半徑的平方反比現象推得「萬有引力定律」，可謂「大膽的假設」，離真相有一大段距離。然而行星繞日畢竟不是圓周運動，行星在軌道上更非等速前進。上述向心加速度的論證雖然簡潔巧妙，但是一開始的假設就是錯的，就數學來說，只能算是一個啟發式證明 (heuristic argument)。

一般來說，啟發式證明的最大瑕疵在於論證過程不夠嚴謹。它一方面可能做了過多的假設，而另一方面又在論證時做了一些跳躍。但是如果真的從橢圓運動（而非圓周運動）出發，橢圓的幾何性質勢必扮演重要的角色，所以牛頓必須長篇累牘撰寫《自然哲學的數學原理》，植基於橢圓運動而推得引力的平方反比定律。不過這麼一來，牛頓的論證又變得晦澀難懂，許多物理教科書只好採取上述的啟發式證明，至少能讓學生體會平方反比定律的出現並非空穴來風。

原載科學人第 83 期

27

臺大外文系與 GMAT

　　臺大外文系在民國 98 年底宣佈大學指定科目考試不採計「數乙」之後，社會上的聲音呈現兩極。主張「數學無用論」者大聲叫好，覺得外文系此舉順天應人，拯救莘莘學子於水深火熱之中；另一群人則憂心忡忡警告：「文學家應該有充分的邏輯訓練。」而這種訓練來自數學。然而民國 99 年 11 月，該系招生委員會又一面倒決定恢復採計，與系主任梁欣榮看法相左，梁主任接受媒體採訪時說：「個人對此表示遺憾。」因為不採計數乙只有一年，該措施對選才的影響，至少要四年才看得出來。在這段期間，不論正反兩面的意見都來自社會科學背景的人士，數學界始終保持沉默。

　　現在高中生修的數學，內容包含多項式、三角、指對數、坐標幾何、圓錐曲線、排列組合和機率統計等。每年 7 月的指考，數學科分為數甲與數乙，最大的差異是數甲要考微積分，而社會組學生在高三不學微積分。

　　回到正題，數乙與邏輯何干？邏輯的基礎訓練早在小學畢業、至遲國中階段即已完成，哪裏還要等到高中靠三角、指對數的學習才能建立？曹雪芹當年不過小學的算術程度，身為文學家，能說他的邏輯訓練不夠嗎？癥結是，在現代社會條件下，社會組學生究竟要學哪些數學？社會組的科系包括文學、藝術、法學、教育、政治、經濟、財

經、管理等，學生人數約是自然組的 1.5 倍，如此眾多的學生在進入大學後，都在最短時間內把高中所學的數學忘得一乾二淨。我們不禁要問教育家，這樣的投資到底值不值得？

筆者最近兩年有機會了解美國的 GMAT，該項考試的成績是許多商學院或管理學院招收研究生的參考。考試中有一個專考數學的測驗稱為 Quantitative，75 分鐘測 37 題，內容包括三個部分：基本數論，例如 $1 \cdot 2 \cdot 3 \cdots\cdots 30$（1 到 30 的乘積）後面有幾個零？約相當我們的國中程度；排列組合機率統計，內容比現行高中所學稍簡單一些；以及判斷題。

判斷題最難，舉例如下：

若要了解某公司男女員工的比例,從下面哪些資訊可以得到答案?

⑴男性員工平均時薪比女性多 50 元

⑵全體員工平均時薪比女性多 10 元

可能的選項是：

　A.條件⑴可以得到答案

　B.條件⑵可以得到答案

　C.條件⑴加⑵可以得到答案

　D.以上皆非

判斷題也有人稱為邏輯題，但是我認為此處邏輯二字的用法比較廣義，包括了推論和提出策略，並非只看推論是否正確。當然，基本數論與排列組合等考題也並非只有計算而無判斷，只是判斷題特別注重分析推理，幾無公式可循。

若將 Quantitative 的考題交給我們社會組學生，大概不會考得很好。因為這個考試主要是測驗學生處理問題的能力，而非學過哪些數學。社會組所學的數學如三角、坐標幾何，GMAT 根本不考，指數律

還常看到，對數則從未出現。這也許是臺北車站附近的補習街生意始終興隆的原因之一。

在過去建構式數學風行的時日，一些教育學者提出的口號是要學「帶得走的能力」，這句話的一部分意思是「內容並不等於能力」。就 GMAT 的考試來說，高中學的許多內容都不會考，考能力的味道相當明顯。不過數學能力的培養有時也離不開內容，以「1 到 30 的連乘積後面帶了幾個零？」這題來說，學建構式數學的小朋友要按計算機才能回答，在毫無數感的情形下要培養出判斷力和分析力，不是那麼容易。

民國 98 年臺大外文系宣佈不採計數乙之後，該系一位教授私底下告訴我：「絕對撐不久！」因為「這個決定太過倉促，很多環節都沒想清楚。」現在，我想建議外文系，何不採計 GMAT 的成績？

原載《科學人》第 110 期

鸚鵡螺數學叢書介紹

按圖索驥
——無字的證明
——無字的證明 *2*

蔡宗佑／著
蔡聰明／審訂

以「多元化、具啟發性、具參考性、有記憶點」這幾個要素做發揮，建立在傳統的論證架構上，採用圖說來呈現數學的結果，由圖形就可以看出並且證明一個公式或定理。讓數學學習中加入多元的聯想力、富有創造性的思考力。

針對中學教材及科普知識中的主題，分為兩冊共六章。第一輯內容有基礎幾何、基礎代數與不等式；第二輯有三角學、數列與級數、極限與微積分。

國家圖書館出版品預行編目資料

數學放大鏡：暢談高中數學／張海潮著.－－初版五
刷.－－臺北市：三民，2022
　　　面；　公分.－－(鸚鵡螺數學叢書)

　　ISBN 978－957－14－5812－0 (平裝)
　1.數學教育 2.中等教育

524.32　　　　　　　　　　　　　102009826

鸚鵡螺 數學叢書

數學放大鏡——暢談高中數學

作　　者	張海潮
總 策 劃	蔡聰明
責任編輯	徐偉嘉

發 行 人	劉振強
出 版 者	三民書局股份有限公司
地　　址	臺北市復興北路 386 號 (復北門市)
	臺北市重慶南路一段 61 號 (重南門市)
電　　話	(02)25006600
網　　址	三民網路書店 https://www.sanmin.com.tw

出版日期	初版一刷 2013 年 6 月
	初版五刷 2022 年 1 月
書籍編號	S316820
I S B N	978-957-14-5812-0

三民書局